딜타이가 들려주는

이해 이야기

딜타이가 들려주는
이해 이야기

ⓒ 강영계, 2008

초판 1쇄 발행일 2008년 7월 18일
초판 10쇄 발행일 2023년 2월 1일

지은이   강영계
그림   지영이
펴낸이   정은영

펴낸곳   (주)자음과모음
출판등록   2001년 11월 28일 제2001-000259호
주소   10881 경기도 파주시 회동길 325-20
전화   편집부 (02)324-2347 경영지원부 (02)325-6047
팩스   편집부 (02)324-2348 경영지원부 (02)2648-1311
e-mail   jamoteen@jamobook.com

ISBN 978-89-544-0819-6 (64100)

딜타이가 들려주는
이해 이야기

강영계 지음

|주|자음과모음

책머리에

우리는 하루하루를 살며 수많은 물음을 던지곤 합니다. 물론 대부분은 단순히 지나치는 물음입니다. 요새 건강한지, 하는 일은 잘 되는지, 부모님은 안녕하신지 등이지요.

이런 물음은 일상적으로 주고받습니다. 그렇지만 간혹 우리는 조금 다른 종류의 물음을 던질 때가 있습니다. 철학자들이 던졌던 질문 같은 것 말이죠.

"도대체 우리 인간이 무언가를 알 수 있는 건 어떤 능력 때문일까? 앎의 능력은 어떻게 펼쳐지는 걸까? 또 앎의 능력은 우리 정신과 그 대상이랑 어떤 관계가 있을까?"

"인간의 삶과 역사는 어떤 힘으로 나아가는 걸까? 문화는 대체 어떻게 만들어지는 것일까?"

"역사를 이끌어 가는 힘은 우리의 이성이 아닐까? 그렇다면 이성의 특징이나 성격은 무엇일까? 또 이성을 어떻게 비판적으로 연구할 수 있을까?"

철학에 대해서 조금만 알고 있는 사람은 바로 눈치 챘을 것입니다. 첫 번째는 독일의 유명한 철학자 칸트가 궁금해했던 물음입니다. 그렇다면 두 번째와 세 번째는 누가 던진 물음일까요? 바로 현대 독일 철학자 딜타이의 물음입니다. 딜타이는 삶의 철학자로 잘 알려져 있습니다.

삶의 철학이란 무엇일까요? 어려울 것 없습니다. 인간의 삶을 가장 본질적인 것으로 여기는 철학이 바로 삶의 철학입니다.

우리의 삶은 두 가지로 이루어져 있습니다. 하나는 물질적인 삶, 또 다른 하나는 정신적인 삶입니다. 물질적인 삶은 감각을 통해 자연 세계를 경험하는 삶입니다. 또 정신적인 삶은 역사와 문화를 이해하는 삶입니다.

딜타이가 말하는 '이해'는 바로 정신적인 삶을 이해한다는 것을 뜻합니다. 인간의 삶은 교육, 경제, 정치, 예술, 종교, 도덕 등 다양하게 표현됩니다. 그것이 바로 인간의 역사와 문화이고, 그것을 탐구하는 학문이 바로 인문학이지요.

오늘날 우리 사회는 자연과학이 지배하고 있습니다. 자본주의 사회에서는 물질적 가치가 매우 중요하기 때문이지요. 하지만 삶의 의미와 가치를 제대로 알기 위해서는 역사와 문화를 올바로 해석하는 것이 더 중요하지 않을까요?

딜타이의 '이해'란 우리 자신의 고유한 문화와 역사를 해석하는 과정입니다. 딜타이의 사상을 통해 우리는 이런 깨달음을 얻을 수 있습니다.

"한 사람의 역사는 물론이고 인류 사회의 역사와 문화를 비판적으로 해석할 줄 알아야 삶을 올바르게 파악할 수 있어!"

딜타이는 역사적 의식을 통해 역사와 문화를 올바르게 파악할 수 있다고 합니다. 역사적 의식이란 또 무엇일까요? 딜타이가 들려주는 이해 이야기 속에서 그 의미를 한번 찾아볼까요?

2008년 7월

강영계

C O N T E N T S

책머리에
프롤로그

1 자연과학과 인문학 | 015
1. 우리 반 반장 하늘이 2. 호야는 내 친구
3. 딸기선생님 4. 그 마음을 잊지 마
• 철학 돋보기

2 친구들의 마음을 알고 싶어 | 053
1. 유나언니 2. 고아라서 부끄러워
3. 하늘이의 방문 4. 자기반성
• 철학 돋보기

3 진아의 마음은? | 083
1. 마음이 보이는 그림 2. 딸기선생님의 미술학원
3. 생명의 나무 4. 내 세상을 그림으로
• 철학 돋보기

4 우정은 서로를 이해하는 것 | 115
1. 왜 미안하니? 2. 원장선생님
3. 오미자차 4. 이해의 해석학
• 철학 돋보기

5 우리들의 삶과 세계 | 151
1. 화해를 위한 노력 2. 그림 속의 우정
3. 안녕, 호야 4. 호야의 마지막 편지
• 철학 돋보기

에필로그
부록_통합형 논술 활용노트

프롤로그

하얀 말을 타 본 적이 있나요?

진아는 엄마와 함께 하얀 말을 타고 있었답니다. 놀이공원에 있는 목마요. 원판이 돌 때마다 주변 경치가 다르게 보여 신기했어요. 그런데 목마가 오르락내리락 거리는 건 조금 무서웠어요. 하늘기차나 바이킹처럼 빠르지도 않은데 그게 뭐가 무섭냐고요? 사실 진아는 이제 일곱 살이에요. 그러니까 아직 겁이 많을 수밖에요.

아참, 오늘 진아가 얼마나 예쁜지도 말해야 할 것 같네요. 놀이공원으로 오기 전에 엄마는 진아에게 레이스가 달린 핑크빛 원피스를 사 주었답니다. 그리고 윤이 나는 구두도요. 하얀 목마 위에 앉은 진아는 꼭 공주님 같아요.

엄마는 진아를 자꾸 쳐다봐요. 그럴 때마다 진아는 배시시 웃어 주었답니다. 진아는 자신이 웃으면 엄마가 행복해하는 걸 잘 알고 있거든요. 나이는 어리지만 엄마의 마음을 헤아리는 아이죠?

그런데 조금 전부터 궁금한 게 있었어요. 진짜 말을 타도 이렇게 재미있을까, 진짜 말을 타면 어떤 기분이 들까? 그래서 엄마에게 물어봤죠. 그런데 어쩌나. 엄마도 진짜 말을 타 본 적이 없대요.

"나중에 내가 어른이 되면 진짜 말 태워 줄게."

진아가 얼마나 깜찍하게 말했는지 들어보지 않은 사람은 모를 거예요. 엄마는 팔을 뻗어 진아의 머리를 쓰다듬었어요. 혹시 목마에서 떨어질까 봐 손잡이를 꼭 붙들고 있던 진아는 깜짝 놀랐어요. 기둥에서 손을 떼는 엄마가 아주 용감해 보였거든요.

목마에서 내린 엄마와 진아는 꽃길을 걸었어요. 붉은 장미, 노란 장미, 흰 장미가 가득한 길을 걷는 일은 정말 멋져요. 아름다운 꽃을 볼 수도 있고 향기로운 냄새를 맡을 수도 있으니까요.

꽃길 끝에는 아주 작은 궁전이 있어요. 궁전 안에는 예쁜 물건과 맛있는 과자를 파는 가게들이 있어요. 엄마는 인형가게 앞에 멈췄어요. 그리고 진아에게 가지고 싶은 인형을 고르라고 했어요.

인형가게에는 정말 인형이 많았어요. 비단 옷을 입은 공주님 인형, 털이 많은 강아지 인형, 굉장히 커다란 곰 인형이 있었죠. 그 중에서도 진아는 날개가 달린 천사 인형이 마음에 들었어요. 천사 인형이 자신을 향해 미소를 짓고 있다는 느낌이 들었거든요. 꼭 이런 말을 하는 듯했어

요. '진아야, 나는 가게에 있기 싫어. 네가 데려가 주면 안 될까?'

"이거 마음에 들어?"

엄마가 물었어요. 진아는 고개를 끄덕였죠.

"더 크고 예쁜 걸 사 주고 싶은데."

"작은 게 좋아. 호주머니 속에 넣을 수도 있잖아."

엄마는 진아가 고른 인형을 사 주었어요. 그리고 가게를 나왔죠. 날은 벌써 어두워지고 있었어요. 다시 꽃길을 걸으며 엄마는 진아에게 말했어요.

"엄마가 진아를 사랑하는 거 알지?"

엄마가 왠지 슬퍼 보여서 진아는 고개만 끄덕였어요.

"하늘에 계신 아빠도 진아를 사랑하는 거 알지?"

엄마가 또 물었어요. 진아는 또 고개만 끄덕였어요. 그런데 이번에는 정말 알아서 끄덕인 건 아니에요. 왜냐하면 진아는 아빠를 본 적이 한 번도 없었거든요. 엄마 말로는 진아가 태어나고 일 년 뒤에 하늘로 올라가 버렸대요.

"잊으면 안 돼. 엄마 아빠가 너를 얼마나 사랑하는지."

"응. 나도 엄마 사랑하는 거 잊으면 안 돼."

진아도 엄마처럼 말했어요. 그러자 엄마가 눈물을 글썽거렸어요.

"왜 울어?"

진아는 울먹였어요. 엄마가 울면 가슴이 아프거든요.

"먼지가 들어가서 그래."

"호호 불어 줄까?"

"그래 줄래?"

엄마가 허리를 굽혔어요. 진아는 엄마의 눈에 입김을 불어 주었죠. 그런데도 엄마의 눈물이 멈추지 않는 거예요.

"엄마."

"응?"

"천사 인형 가져."

진아는 엄마에게 위로를 해 주고 싶어서 천사 인형을 내밀었어요. 엄마는 받지 않고, 대신 진아를 끌어안았어요. 그리고 말했어요.

"미안하다. 엄마가 미안해."

진아는 엄마의 말을 이해할 수 없었어요. 그래도 열심히 대답했어요.

"괜찮아, 엄마. 괜찮아."

조금 전에도 말했지만 진아는 정말 착한 아이니까요.

놀이공원을 나온 엄마와 진아는 버스를 탔어요. 집으로 가는 방향이 아니었어요. 그런데도 진아는 이상하게 생각하지 않았어요. 엄마와 함께 있으니까요. 어디로 가든 상관 없었어요.

훗날 진아가 좀 더 나이가 들었을 때 말인데요, 그날 일을 생각하면 조금 후회가 되기도 했어요. 그 길이 지금 진아가 지내고 있는 고아원으로 가는 길이라는 걸 알았다면 엄마에게 떼를 썼을 테니까요. 그런데 진아는 몰랐어요. 엄마가 자신을 어디로 데려가는지.

"열 밤만 지나면 데리러 올게."

큰 마당이 보이는 대문 앞에서 엄마는 말했어요. 마당에는 사람들 모습이 보이지 않고, 안쪽 건물에서 불빛만 흘러나오고 있었어요. 엄마는 깊은 한숨을 내쉬었어요. 그리고 초인종을 눌렀죠. 스피커에서 "누구세요" 하는 소리가 들렸어요. 엄마는 아무 말도 하지 않았어요. 진아는 그런 엄마를 그냥 쳐다보고 있었죠. 왜 그런지 모르겠지만 자꾸만 가슴이 두근거렸어요. 그리고 눈물이 날 것 같았어요.

"열 밤만 기다려. 꼭 데리러 올게."

건물 안에서 사람이 나오자 엄마는 그렇게 말했어요. 그리고 진아가 대답하기도 전에 몸을 돌렸어요.

"엄마."

엄마는 뒤돌아보지 않았어요. 오히려 빨리 뛰기 시작하는 거예요. 엄마를 따라 쫓아가려는데 대문이 열리고 할아버지가 나왔어요.

"누구니?"

할아버지가 물었어요. 그러나 진아는 엄마가 골목 안으로 막 들어가는 걸 보고는 뛰기 시작했어요. 그런데 찾을 수가 없어요. 어디로 가신 걸까요? 어떻게 그렇게 빨리 사라졌을까요?

진아는 갈림길에 서서 엄마를 불렀어요. 눈물이 앞을 가려 아무 것도 보이지 않는 거예요. 그때 방금 전에 본 할아버지가 무릎을 꿇고 진아를 안아 줬어요.

"아가, 울지 마렴. 엄마는 곧 돌아오실 거야."

자연과학과 인문학

1. 우리 반 반장 하늘이
2. 호야는 내 친구
3. 딸기선생님
4. 그 마음을 잊지 마

 자연과학에서 한 개념은 인과성의 원리에 따라 타당하다고 받아들여질 수 있다. 정신과학에서 인과성의 원리는 체험할 수 있는 어떤 것들의 종류를 지칭하는 표현이다.

— 빌헬름 딜타이

1 우리 반 반장 하늘이

진아는 꿈을 꾸었답니다. 육 년 전, 고아원 앞에서 엄마를 찾아 헤매던 그날의 꿈이었어요. 그날 원장님을 처음 만났죠. 사랑고아원에서 살기 시작한 날이에요.

셀 수도 없이 많은 밤을 지냈지만 엄마는 오지 않았어요. 그런데도 진아는 희망을 버릴 수가 없었답니다. 언젠가 엄마는 꼭 오실 거예요.

그때를 위해서라도 예쁜 아이로 자라고 싶어요. 그런데 그날의 꿈을 꾼 날이면 늦잠을 자게 돼요. 같은 방에서 지내는 유나가 책가방을 챙겨 주었는데도 지각하게 생겼어요. 그래서 진아는 아침도 먹는 둥 마는 둥 학교로 향했죠.

"일찍 일어났어야지."

천사 인형이 가볍게 나무랐어요.

참, 천사 인형의 이름이 궁금하죠? 그 아이 이름은 호야예요. 진아가 동생으로 삼고 지어 준 이름이죠. 그리고 이건 진짜 비밀인데요, 호야는 말을 할 줄도 알아요. 부끄러움이 많아서 다른 사람들 앞에서는 잘 말하지 않지만, 진아에게는 매일매일 재미있는 이야기도 해 주고, 엄마처럼 잔소리를 하기도 해요.

"누구는 뭐 지각하고 싶어서 하나?"

진아는 그렇게 종알거렸어요. 엄마 다음으로 가장 사랑하는 호야지만 잔소리를 할 때에는 살짝 밉기도 해요.

"그러니까 하는 말이지."

"칫."

교문을 지나 운동장으로 들어선 진아는 건물 앞에 있는 커다란 은행나무에게 인사를 했어요. 은행나무 아래 벤치는 진아가 가장 좋아하는 장소예요. 그리고 건물로 들어가는 길 옆 사루비아에게도 인사를 했어요. 사루비아는 예쁜데다 꿀도 있잖아요.

"늦어, 늦는다니까."

호야가 재촉했어요.

"알아, 안다니까."

복도로 들어간 진아는 정말 있는 힘껏 달렸어요. 선생님이 들어오시기 전에 교실로 들어서야 하잖아요. 그런데 첫 수업시간을 알리는 음악소리가 들리는 거예요. 그 순간 마음이 얼마나 급했는지 몰라요.

진아는 조심스럽게 교실 문을 열었어요. 선생님께 야단맞을 각오를 하면서요. 그런데 교실 안이 소란스러운 거예요. 선생님이 계셨다면 조용했을 텐데요. 이상하게 생각하며 탁자 쪽을 쳐다보니 선생님 대신 반장인 하늘이가 서 있었어요.

"무슨 일이야?"

자리에 앉으며 짝꿍에게 물었어요.

"선생님이 학급회의 하라고 하셨어."

"월요일도 아닌데?"

"선생님께서 우리 반 학급문고를 보고 화가 많이 나셨나 봐. 사라진 책도 많고 찢어진 책도 많다고. 게다가 정리도 제대로 안 되어 있잖아."

"아, 그렇구나."

진아는 짝꿍 말을 들으며 벽 뒤편에 있는 책장을 쳐다봤어요. 그런데 그때 하늘이가 큰 소리로 진아의 이름을 부르는 거예요.

"오늘 지각까지 하고 떠들면 어떡하니? 선생님이 계시지 않다고 떠드는 건 옳은 일이 아니잖아."

"미안."

"나한테 미안할 필요는 없어. 회의에 참여해 달라는 말이니까. 자, 그럼 어떤 방안이 있는지 말해 줄 사람 없어?"

진아는 얼굴이 빨갛게 달아오르는 것 같았어요. 그래서 그냥 고개를 푹 숙이고 말았죠. 그러자 옆에서 짝꿍이 속닥거렸어요.

"쳇, 잘난 척은."

"그러지 마. 내가 잘못했는 걸, 뭐."

"좋게 말할 수도 있잖아."

진아는 아무 말도 하지 않았어요. 그러나 진아도 속으로는 그렇게 생각하고 있었죠.

"벌금을 내는 게 어때?"

앞줄에 앉아 있는 민석이가 먼저 의견을 냈어요. 용돈을 많이 받지 못하는 진아는 민석이의 의견이 통과될까 봐 불안했어요.

"아이들마다 용돈을 받는 게 다르잖아. 또 용돈을 받지 않는 아이도 있을 테고. 그러니까 벌금은 효과적이라고 볼 수가 없어. 너희들 생각은 어떠니?"

하늘이가 말했어요. 진아는 번쩍 고개를 들었죠. 어쩌면 자신의 생각하고 그렇게 똑같을까, 놀랍고 고맙기도 했어요.

"그럼 책을 망가뜨린 아이의 이름을 칠판에 쓰는 건 어때?"

부반장인 윤이가 말했어요.

"지금까지 나온 의견들은 책에 문제가 생긴 후 벌을 주는 것뿐이구나. 우리가 회의를 하는 건 어떤 벌을 주느냐가 아니잖아. 진짜 중요한 것은 학급문고를 잘 사용하는 거 아니겠어? 그러기 위해선 어떻게 지킬까에 대한 의견을 나누어야 한다고 생각해."

하늘이가 똑 부러지게 말하자 아이들은 웅성거렸어요. 하늘이의 말이 맞긴 한데 다른 방법이 없을 거라는 말들을 나누었어요. 하늘이는 교탁을 두어 번 두드리고는 아이들이 조용해지자 다시 말했어요.

"이러는 건 어떨까? 일단 우리 중 몇몇이 책을 다 정리한 후에 기록을 해 두는 거야. 그리고 일주일 동안 문고 관리를 할 아이를 뽑는 거지. 문고를 관리하는 아이는 어떤 책이 사라졌고, 어떤 책이 찢어졌는지를 알아낸 후에 매주 학급회의 시간에 발표하는 거야."

"그런다고 문고가 잘 지켜질까?"

부반장인 윤이가 의문을 제기했죠.

"처음에는 없어지는 책이 있을 수도 있고, 찢어지는 책도 있겠지. 그런데 매주 돌아가면서 한 사람씩 문고를 책임진다면 우리 모두가 책임감을 가질 수 있을 거야. 그리고 매주 그런 식으로 통계를 내서 확인하는 것도 책임감을 가지게 하는 좋은 방법일 것 같은데? 나도 마찬가지지만 너희들도 우리 반 학급문고에 문제가 생기는 걸 원하진 않을 거 아니야."

하늘이가 또박또박 말하자 몇 몇 아이들이 고개를 끄덕였어요.

"어쩌면 저렇게 말을 잘 할까?"

진아는 짝꿍에게 소곤거렸죠.

"나는 반장 의견에 찬성이야."

반에서 제일 키가 큰 현정이가 말했어요.

"그럼 투표를 하는 건 어때? 내가 낸 의견에 찬성하면 동그라미를 그리고, 그렇지 않으면 엑스 자로 표시하는 거야. 만약 엑스 자가 많으면 다른 의견을 내는 거지."

투표를 위해 부반장이 용지를 만드는 동안 아이들은 서너 명씩 모여 의견을 나누었어요. 진아는 벌써 마음을 굳혔죠. 하늘이의 의견이 제일 마음에 들었거든요.

"찬성이 훨씬 많네. 그럼 이대로 해 보자. 만약 결과가 좋지 않으면 다시 회의를 하는 걸로 하고. 어때?"

투표가 끝난 다음 하늘이가 말했어요. 아이들은 그렇게 하자고 동의했어요.

"우리 반 반장 멋지지?"

진아는 호야에게 소곤거렸어요.

"자연과학적인 인물이군."

호야가 말했어요.

"뭐?"

"있어, 그런 게."

"잘난 척은."

짐짓 토라진 척했지만 진아는 호야가 한 말이 몹시 궁금했어요. 자연과학적인 인물이라니. 사실, 처음 들어 보는 말이었거든요.

2 호야는 내 친구

고아원 마당에는 긴 의자와 흔들의자가 있어요. 아이들이 쉴 수 있도록 원장선생님이 직접 만들어 준 거예요. 진아는 방으로 들어가기 전에 꼭 흔들의자에 앉아 놀다가 가요. 의자에 앉아 하늘을 보는 걸 정말 좋아하거든요. 그런데 문제가 있어요. 일 년 전 아파트가 생겨 앞에 보이는 산을 다 가려 버렸어요. 그리고 양 옆으로 높은 건물들이 마당을 둘러싸게 되었어요.

"어른들은 이상해."

가만 앉아 하늘을 쳐다보다 말고 진아가 말했어요.

"뭐가?"

호야가 물었어요.

"건물을 자꾸만 높게 만들잖아. 왜 그럴까? 하늘도 가리고 산도 가려서 답답한데. 그리고 그늘이 지니까 햇볕도 잘 안 들잖아."

"땅은 좁고 사람들은 많아서 그래."

"그래? 그래도 그렇지 조금만 더 낮게 만들면 안 되나?"

"하기야 높은 건물이 좀 많기는 해. 그런데 안 들어갈래? 난 쉬고 싶은데."

"칫. 내 호주머니 속에서 하루 종일 잤으면서."

"불편하단 말이야."

"내 호주머니가?"

"무척 작고 어두워. 게다가 체육시간에 너 많이 뛰었잖아. 토할 뻔했어."

그 말을 듣자 호야가 안쓰러워 보이긴 했어요. 그래서 방으로 들어가려고 일어났죠.

"내일도 체육시간 있어?"

"아니. 하지만 음악시간이 있어. 저번처럼 시끄럽다고 짜증내면 안 돼."

진아와 호야가 그런 말을 주고받는 동안 유나가 대문 안으로 들어섰어요.

"언니."

진아는 유나에게 달려갔어요. 사랑고아원으로 온 뒤 늘 한 방을 쓰는 언니예요. 유나는 고등학생이지만 진아를 엄마처럼 챙겨 준답니다.

"오늘 왜 이렇게 일찍 왔어?"

"머리가 아파서 조퇴했어. 그런데 너 또 혼잣말 하고 있었던 거니?"

"아니야. 호야랑 말했어."

"호야는 인형이잖아."

"아니라니까. 호야는 친구야."

진아는 속이 상했어요. 다른 이야기를 하면 괜찮은데 호야 이야기만 나오면 자꾸만 다투게 돼요.

"언니는 걱정이 돼서 그러는 거야."

"무슨 걱정?"

"사람들이 이상하게 볼까 봐. 그래서 진아 너에게 함부로 대할까 봐 걱정이 된단 말이야."

진아는 유나가 무슨 말을 하는지 알고 있어요. 그래서 사람들 앞에선 조심한다고 말해 줬어요.

"다른 사람들은 안 믿어도 언니는 믿어 주면 안 돼?"

유나는 짧은 한숨을 내쉬었어요. 그리고 팔로 진아의 어깨를 둘렀죠.

"들어가자. 배고프다."

그러고 보니 진아도 배가 고팠어요. 급식 반찬으로 돈까스가 나와 점심을 거의 먹지 못했어요. 놀이공원에서 엄마와 마지막으로 먹었던 음식이 돈까스였거든요. 그날 이후로 돈까스만 보면 마음이 아파서 먹을 수가 없는 거예요.

"라면 끓여 줘, 언니."

진아는 유나에게 어리광을 부렸어요.

"오늘 또 엄마 생각했구나."

"어떻게 알았어?"

진아는 깜짝 놀라서 물었어요.

"이렇게 어리광을 부릴 때에는 엄마 생각이 나서 그러는 거라는 걸 알고 있어."

"칫, 나 원래 어리광 잘 부리는 걸."

"정말 그렇게 생각해?"

진아는 대답하지 못했어요. 진아는 원래 아무리 친하게 지내는 사람이 있어도 무언가를 해 달라고 부탁 같은 건 잘 하지 않는 편이거든요. 코맹맹이 소리도 잘 내지 않고요. 그러니 유나가 그렇게 생각하는 것도 무리는 아니에요.

"언니는 엄마 생각할 때 없어?"

"왜 없겠어. 늘 하는 걸."

"늘?"

"응. 예전엔 가끔씩만 생각하는 줄 알았거든. 그런데 어느 날 문득 깨달았어. 내 마음 깊은 곳에서는 늘 엄마가 있었으면 좋겠다고 바란다는 걸."

"그렇구나. 언니는 엄마가 밉지 않아?"

"아주 아기였을 때라 사실 얼굴도 기억 안 나. 그냥 '엄마'라는 말, 엄마가 있었으면 좋겠다, 엄마랑 있으면 얼마나 사랑을 많이 받았을까 하는 생각 정도? 뭐, 어쨌든 엄마니까 미워하고 싶어도 미워할 수가 없어. 너는 엄마가 미워?"

"약속을 안 지켰잖아."

"엄마도 약속을 지키고 싶으셨을 거야. 그런데 사정이 생겼겠지. 어른들만이 아는 사정 같은 거 있잖아."

"정말 그렇게 생각해?"

"그럼, 그럴 거야. 그러니까 기다리다 보면 찾아오시겠지."

진아와 유나가 식당으로 들어서자 통통이아줌마가 반겼어요. '통통이'는 볼이 통통하다고 고아원 아이들이 아줌마에게 붙여준 별명이에요.

"유나는 오늘 조퇴한 거야?"

"네."

"왜 어디 아팠니?"

"언니가 머리 아프대요."

"저런. 밥 먹고 들어가서 자. 푹 자고 나면 괜찮을 거야."

통통이아줌마는 따뜻한 밥과 국을 챙겨 줬어요.

통통이아줌마는 옛날에 아이를 잃어버린 적이 있어요. 몇 년을 찾아 헤맸는데도 찾지 못했어요. 그래서 사랑고아원에서 부모와 헤어져 있는 아이들에게 매일 밥을 해 주고 있답니다.

"아줌마가 해 주는 밥이 제일 맛있어요."

유나가 칭찬을 하자 통통이아줌마는 빙그레 웃었어요.

"너희들이 맛있게 먹어 주니 아줌마도 좋아. 그런데 진아는 맛없어? 왜 칭찬 안 해?"

"맛있어요, 맛있어요."

진아는 엄지손가락까지 내밀며 말했어요.

"그래야지. 나는 너희들 칭찬을 먹고 사는 사람이야. 알겠지?"

"네!"

둘은 큰 소리로 대답했어요. 아이들만 칭찬을 받으라는 법이 있나요? 어른들도 칭찬을 받으면 좋아하잖아요. 그래서 진아는 이런 생각을 했어요. 엄마한테 칭찬 받지 못하는 대신 원장선생님이랑 통통이아줌마한테 오히려 내가 칭찬을 많이 해 주는 것도 좋겠다고요.

'참. 호야에게도 칭찬 많이 해 줘야지.'

3 딸기선생님

토요일 아침은 마음껏 늦잠을 잘 수 있어요. 그래서 진아는 토요일을 가장 좋아해요. 침대에 누워 호야랑 장난을 치고 있는데 갑자기 문이 벌컥 열렸어요.

"뭐해? 빨리 일어나. 딸기선생님이 오셨어."

"벌써?"

진아는 깜짝 놀라서 급하게 옷을 갈아입었어요.

딸기선생님은 일주일에 한번 고아원으로 찾아와 아이들에게 그

림을 가르쳐 주세요. 아이들이 딸기선생님이라고 부르는 이유는 선생님에게서 딸기향 비슷한 좋은 냄새가 나기 때문이에요. 진아는 딸기선생님에게 그림이 배우는 시간이 좋아요. 그래서 조금이라도 늦을까 봐 걱정이 되었답니다.

진아는 미술실을 향해 뛰어갔어요. 그런데 마음이 급한 건 진아만이 아니었어요. 다른 아이들도 미술실을 향해 뛰어가고 있었거든요. 그도 그럴 것이 오후 두 시쯤에 오시는 선생님이 오늘은 웬일로 오전에 오셨으니까요.

"선생님, 안녕하세요!"

미술실 문을 열며 진아가 소리쳤어요.

"진아구나. 잘 있었니?"

딸기선생님이 인사를 받아 주었어요. 진아는 기분 좋게 미술실 안으로 들어서다 말고 깜짝 놀라서는 그만 석고상처럼 굳어 버렸어요.

"왜 그러니?"

딸기선생님이 물었지만 대답할 수가 없었어요. 진아는 그저 자기 반 반장 하늘이를 쳐다보기만 했어요. 어째서일까요? 어째서 하늘이는 사랑고아원의 미술실에 있는 걸까요? 진아는 도망쳐 버리고 싶었어요. 그런데 그럴 수가 없었어요. 뒤늦게 도착한 아이들이 문 앞에서 진아가 들어가기만 기다리고 있었거든요.

"아, 이 애가 누군지 궁금해서 그러는구나. 내 딸이야. 하늘이라고 해."

"알아, 엄마. 우리 반 친구야."

"어머, 그래? 둘이 친하게 지내면 좋겠구나."

진아는 그 순간 딸기선생님을 몹시 원망했어요. 어째서 어른들은 이렇게 무딜까요? 반 친구들은 진아가 고아원에서 사는 걸 아무도 몰라요. 그런데 이렇게 비밀이 밝혀지다니 믿을 수가 없어요.

하늘이도 진아처럼 놀랐나 봐요. 학교에서는 서로 아무 말도 나누지 않는 사이인데 뚫어져라 쳐다보고 있어요.

"안 들어가?"

콩이가 뒤에서 재촉하는 바람에 더 이상 문을 막고 서 있을 수가 없었어요. 진아가 안으로 들어서자 다른 아이들도 우르르 안으로 들어왔어요.

딸기선생님은 탁자 위에 화병을 올려 놓았어요.

"오늘 그릴 것은 화병이야. 그런데 그림을 그리기 전에 우리 애기 좀 할까?"

딸기선생님이 말하자 아이들은 합창하듯 큰 소리로 '예' 라고 말했어요. 다른 때였다면 진아도 입을 크게 벌리고 대답했을 거예요. 그러나 옆에 앉아 있는 하늘이를 흘깃 바라봤죠.

"만약에 여기에 있는 화병을 사진기로 찍으면 어떤 사진이 나올까?"

"화병 사진이요."

콩이가 자신 있게 대답했어요.

"맞아. 너희들 중 아무나 찍어도 여기 있는 화병과 똑같은 모습이 나올 거야. 그런데 그림으로 그리면 어떨까?"

"다르게 그려요. 실력이 다 다르잖아요."

해영이가 작은 소리로 말했어요. 해영이는 그림을 잘 그리고 싶은데 실력이 없다고 늘 투덜거렸거든요.

"해영이 말이 맞아. 하지만 실력 때문만은 아니야. 바로 마음 때문이기도 하지."

"마음요?"

'마음' 이라는 말에 진아는 되물었어요. 호야가 늘 마음에 관한 이야기를 해 주었거든요.

"그래, 마음."

딸기선생님은 진지하게 말했어요.

"마음이 왜요?"

콩이가 물었어요.

"여기 화병이 있지? 그냥 사진으로 찍으면 화병 모습 그대로 나올 거야. 그런데 그림을 그리면 다른 모습이 될 수도 있지. 그건 각자의 마음이 화병을 어떻게 보는가에 따라 다르기 때문이야. 만약, 콩이가 화병을 깨트린 적이 있다면……."

"그런 적 없어요."

콩이가 항의했어요.

"그래, 콩이는 화병을 깨트린 적이 없어. 하지만 만약 그렇다면 화병을 볼 때마다 조심스러운 마음이 들겠지?"

"네."

"그럼 그림을 그릴 때도 조심스러운 마음이 들어갈 수밖에 없단다. 콩이가 그린 조심스러운 화병은 세상에서 단 하나밖에 없는 거지. 그리고 또 만약에 말야. 만약이니까 진짜처럼 생각하면 안돼. 알겠지?"

"네."

"진아가 화병을 무서워한다면 작게 그릴 수밖에 없을 거야. 그럼 또 진아가 그린 조그만 화병도 세상에서 하나밖에 없는 화병이 될 거야."

"그러니까 각자의 마음이 느끼는 바에 따라서 화병이 다르게 보인다는 말이에요?"

해영이가 물었어요.

"그래. 너희들의 마음에 따라 같은 사물이라도 다르게 볼 수 있다는 거야. 자신의 색깔을 입혀 그리는 거지. 어때? 오늘은 사진처럼 똑같이 그리지 않기. 자기만의 화병을 그리는 거야. 해 볼 수 있겠니?"

"네!"

"좋아. 그럼. 한 시간 동안 잘 생각해서 그려 보자."

진아는 도화지 위에 밑그림을 그리기 시작했어요. 옆에 있는 하늘이가 신경 쓰였지만 그림에만 집중하기로 했어요.

"저 선생은 인문학적인 가르침을 주려는 거야."

밑그림을 다 그릴 때 즈음이었어요. 호야가 불쑥 그렇게 말하는 거예요.

"무슨 말이야?"

"있어, 그런 게."

"또 잘난 척하는구나. 저번엔 자연과학인가 뭔가를 말하더니 오늘은 또 인문학이야?"

진아는 호주머니 속을 내려다보며 중얼거렸어요. 그런데 누군가 쳐다보는 눈길이 느껴졌어요. 슬쩍 고개를 틀어 보니 하늘이가 보고 있었어요. 아주 이상하다는 눈길로 말이죠.

진아는 갑자기 얼굴이 화끈거렸어요.

"왜 그래?"

호야가 물었지만 진아는 대답할 수가 없었어요. 하늘이가 계속 쳐다보고 있었으니까요.

진아는 묵묵히 그림만 그렸어요. 일주일에 한 번 있는 그림 시간을 허비할 수는 없었거든요.

"진아는 그림을 정말 잘 그리는구나."

언제 오셨는지 딸기선생님이 옆에서 말했어요.

"정말요?"

"그럼, 정말이지. 애들아. 이쪽 좀 봐."

딸기선생님은 아이들이 다 볼 수 있도록 그림을 높이 올렸어요.

"애들아, 진아가 그린 화병을 보니 어떤 생각이 들어? 사랑스럽지 않니?"

딸기선생님이 그렇게 말하자 아이들은 신기한 듯 그림을 쳐다 봤어요.

"탁자 위의 화병을 그대로 그렸을 뿐이잖아요. 그런데 사랑스럽다고 생각하는 이유가 뭐예요? 사랑스럽다고 말하는 건 선생님 생각일 뿐이잖아요."

말없이 앉아 있던 하늘이가 항의했어요.

"그냥 보면 화병이야. 화병을 그리라고 했으니 화병을 그린 게 당연하지. 그런데 잘 보렴. 진아가 그린 화병은 선이 부드럽고 색채가 따뜻해. 이건 진아가 화병을 사랑스럽다고 생각하기 때문이란다."

하늘이는 딸기선생님의 말을 이해할 수 없었나 봐요. 딱딱하게 굳은 얼굴로 쳐다보더니 곧 다른 쪽으로 눈길을 돌려 버렸어요.

"그림을 보면 그 사람의 마음도 보인단다. 그림을 그림으로만 보는 게 아니라 그림을 그리는 사람의 마음도 보는 거지. 그건 그림을 이해하는 가장 좋은 방법이지."

딸기선생님이 말했어요.

"저 선생님은 삶을 이해하는 사람이군."

호야가 또 뜻을 알 수 없는 말을 했어요. 진아는 이번에도 아무 대꾸를 하지 않았어요. 딸기선생님의 말을 곱씹어 생각하고만 있었죠.

미술수업이 끝나자 아이들은 모두 미술실을 빠져 나갔어요. 딸기선생님은 원장선생님에게 인사하러 나갔고요.

미술실에는 진아와 하늘이만 남았어요.

"나한테 할 말 있니?"

하늘이가 먼저 물었어요.

"으응……."

"말해."

"저기, 내가 고아원에 있다는 거, 비밀로 해 주면 안 될까?"

진아는 어렵게 말을 꺼냈어요. 그런데 하늘인 아무 말 없이 가만히 쳐다보기만 했죠.

"부탁 안 들어 줄래?"

"내가 아무 말이나 하는 아이로 보이니?"

"응?"

"네가 어디에서 살든 관심 없어. 그리고 그런 말을 떠벌리고 다

닐 만큼 바보도 아니고."

"아, 그래……."

"그리고 부모가 없는 건 네 잘못이 아니잖아."

"아냐, 엄마 있어."

"어쨌든. 네가 여기서 살게 된 건 네 잘못이 아니라는 말이야."

하늘이가 하는 말은 하나도 틀리지 않고 다 옳았어요. 그런데 이상하죠? 마음이 편하지가 않았어요. 하늘이는 왜 이렇게 똑똑할까요? 딱 부러지게 말하는데 어째서 내 자존심이 상할까요?

하지만 진아는 마음과 다른 말을 했어요.

"그래, 고마워."

"당연한 일인 걸, 뭐."

그때 딸기선생님이 미술실로 들어왔어요. 진아는 그냥 나가려고 했는데 딸기선생님이 불러 세웠어요.

"선생님은 진아가 계속 그림을 그렸으면 좋겠어."

"네."

"선생님 화실에 놀러 오지 않을래?"

진아는 깜짝 놀라 딸기선생님을 쳐다봤어요.

"일주일에 한 번만 배우는 건 싫지? 더 그리고 싶잖아. 어때?"

"고, 고맙습니다."

"그래. 그럼 오는 걸로 알고 있을게."

딸기선생님과 하늘이가 미술실을 나갔어요.

혼자 남은 진아는 마음이 아주 복잡해서 그냥 앉아 있었어요.

"왜 그래?"

호야가 물었어요.

"좋기도 하고 싫기도 해."

"뭐가?"

"그림을 더 많이 배우는 건 좋고, 내일 학교 가는 건 싫어."

"네가 고아원에서 산다는 걸 하늘이가 알아서?"

"응."

"그게 부끄러워?"

"응."

호야는 아무 말도 하지 않았어요. 대신 아름다운 날개를 펄럭이며 진아의 볼에 살포시 날아와 앉았어요. 그리고 작고 부드러운 손으로 어루만져 주었어요.

4 그 마음을 잊지 마

"딜타이이라는 이름을 들어본 적이 있니?"

침대에 누워 있는 진아에게 호야가 물었어요.

"아니. 나 졸려. 말 시키지 마."

진아는 호야의 날개를 쓰다듬으며 말했어요.

"딜타이가 누군지 가르쳐 주고 싶어."

"왜?"

"세상엔 많은 철학자가 있어. 딜타이도 그 철학자 중 한 명이란다."

"그 사람을 왜 알려 주고 싶은데?"

"딜타이가 했던 생각을 알고 나면 네 마음이 더 여유로워질 수 있을 것 같아서."

"무슨 말이지 모르겠어. 잘래."

"그래? 좋아. 그럼 꿈속으로 찾아갈게."

"헉. 너 꿈속에서도 찾아와서 떠들려고?"

"진아야. 네가 정신에 대해 이해한다면 훨씬 더 행복할 거야. 왜냐하면 세상과 너 자신에 대해 더 많은 것을 알게 될 테니까. 그리고 너만의 개성을 찾을 수도 있어.

나는 네가 행복하기를 바라. 엄마 아빠도 없이 고아원에 있지만 네가 네 자신을 이해하고 사랑한다면 불행하지 않을 거야. 사랑하는 내 친구야. 딜타이의 철학은 너에게 많은 도움이 될 거야."

진아는 벌떡 일어났어요. 그리고 벽에 기대어 앉았죠.

"그래, 말해 봐. 호야야. 딜타이가 무슨 말을 했니?"

진아는 호야를 자신의 귀 가까이에 들이대었어요. 옆 침대에서 자고 있는 유나에게 피해 주기 싫었거든요.

"딜타이는 인문학과 자연과학을 따로 설명했지."

호야가 차분하고 진지하게 말을 하기 시작했어요.

"자연과학은 법칙이 왕이야. 사과 하나와 사과 하나를 더하면 사과 두 개가 되지? 1+1=2 이건 절대로 변할 수 없는 법칙이거든. 너도 학교에서 배웠을 걸? 가설을 세워서 실험과 관찰을 통해 증명해 내는 게 자연과학의 방법이라고."

"응. 그쯤은 나도 알아."

"하지만 자연과학은 인과법칙에 따라 움직이는 자연 세계를 설명하는 건데 사람들은 인간의 삶도 자연과학처럼 기계적으로 연구하려고 했지. 딜타이는 그것이 옳지 않다고 한 거야. 인문학은 사람들의 생각과 정신을 이해해야 하는데 어떻게 '1+1=2'와 같은 방식으로 설명할 수 있겠어?"

"그러니까 자연과학은 관찰과 실험을 통해서 자연의 인과법칙을 연구하는 학문인데, 인문학은 그런 방법으로 하면 안 된다는 거지?"

"역시 똑똑해."

"뭘, 이 정도 가지고."

"오늘 딸기선생님이 그림을 그릴 때 자신의 마음을 담으라고 하신 거 기억나?"

"응."

"세상도 그래. 세상을 어떻게 이해하느냐에 따라 세상이 다르게 보이는 거야."

"선생님도 그림이 사진처럼 똑같을 수 없다고 하셨어."

"그래, 맞아. 사람들의 삶은 객관적으로 관찰하거나 잴 수 없는 법이니까. 그 사람의 삶은 그 사람만의 의미와 가치가 있다고 생각하면 돼."

"그럼 오늘 고아원에서 하늘이를 만났을 때 내가 느꼈던 기분도 자로 재거나 분석할 수 없다는 거지?"

"맞아, 맞아."

"나는…… 가끔 그럴 때가 있어. 내가 분명히 아이들 앞에서 웃고 있어도, 아이들은 내가 즐겁지 않다고 생각하는 것처럼 보일 때가 있어."

"네가 아무리 웃고 있어도 마음이 우울하다면 아이들은 네가 웃는다고 생각하지 않을 수도 있지. 왜냐하면 네 마음이 우울하다는 사실을 알아챘기 때문이야. 바로 네 우울한 마음을 이해했기 때문이지."

"그래서 그렇구나."

"간단히 말하자면 삶의 철학에서 가장 중요하다고 생각하는 건 바로 삶이야. 생명이 살아가는 것이지. 인간이 살아간다는 말은, 키가 몇 센티 자라고 몸무게가 몇 킬로그램이나 늘고 하는 게 아니라, 어떤 생각을 하고 어떤 행동을 하며 살아가는가 하는 걸 뜻하는 거잖아.

"……."

"그래서 나는 네가 삶의 철학을 이해하기를 바라는 거야. 객관적으로 봤을 때 넌 고아원에 사는 아이야. 그러나 내가 보기에 넌 사랑스럽고 착한 아이지. 겉으로 판단하는 것만 보면 슬픈 아이가 되지만 그 속을 이해하면 예쁘고 행복한 아이가 되는 거야. 네가 스스로 너를 행복한 아이라고 생각하면, 다른 사람들도 그렇게 생각하겠지."

진아는 왠지 가슴이 뭉클해졌어요. 사실 오늘 하늘이를 만난 게 정말 마음 쓰였어요. 그리고 하늘이에게 고아원에서 만났다는 말을 하지 말라고 부탁했을 때에는 참으로 비참했거든요.

"어렵다. 그런데 이거 하나는 알 것 같다. 내가 내 삶을 가치 있는 것으로 만들기 위해서는 정신적 삶을 깨달아야 한다는 사실 말이야. 나도 다른 친구들을 이해하며 지내고 싶어. 그러려면 겉으

로 드러난 모습보다 마음속을 볼 수 있어야 하겠지. 마음을 보기
위해 많은 것을 이해하도록 노력할 거야."

"그래, 진아야. 그 마음을 잊지 마. 그렇게 자라 주렴."

자연과학과 인문학

우린 보통 학생이 배우고 선생님이 가르친다고 생각합니다. 그렇지만 이런 말을 들어보셨나요?

"만일 세 사람이 같이 길을 간다면 그 중 한 사람은 필히 나의 스승이 될 것이다."

"나는 30년간 학교에서 학생들을 가르쳤지만, 내가 가르친 것보다 배운 것이 더 많았다."

우리는 왜 평생 동안 배우기를 멈추지 않고 살아갈까요? 물론 바람직한 삶을 살기 위해서겠지요.

우리는 삶을 두 가지 측면으로 볼 수 있습니다. 하나는 객관적인 자연 영역이고, 다른 하나는 역사적 삶의 영역입니다. 배움과 가르침은 이 두 영역에서 이루어집니다.

자연 영역을 탐구하는 학문은 물리학, 화학, 생물학, 천문학 등 자연과학입니다. 자연과학은 감각 경험으로 객관적인 자연 세계를 관찰하고, 측정하고, 실험하여 검증해 냅니다.

하지만 인문학은 정신적 삶의 학문입니다. 철학, 신학, 문학, 언어학, 교육학, 법학, 경제학, 정치학 등이 해당되지요. 이들은 어떤 방법으로 우리 삶을 탐구할까요?

인문학은 생생한 체험을 통해 역사적 세계를 해석하고 이해합니다. 역사적 세계는 인간의 생각과 사상이 표현되는 곳입니다. 역사적 세계는 정신적 세계이면서 문화적 세계입니다.

우린 왜 자연세계보다 역사적 세계를 더 의미 있게 바라보아야 할까요? 답은 간단합니다. 인간은 자연적 동물이지만 또한 동물을 뛰어넘는 정신적 존재이기 때문입니다.

지금까지 어떤 철학자들은 오직 감각 경험에 의해서 우리의 삶을 파악할 수 있다고 주장했습니다. 또 어떤 철학자들은 우리의 현실적 삶과 상관없이 영원히 변치 않는 생각들이 있다고 주장하였습니다.

그렇지만 나와 우리의 삶을 찬찬히 살펴봅시다. 우린 우리의 삶을 생생한 체험으로 표현하고 이해합니다. 자연과학적 측면에서 볼 때 삶은

관찰되고 기록되지만, 역사적 측면에서 볼 때 삶은 체험과 표현과 이해라는 순환구조에 의해서 파악된다고 볼 수 있습니다.

　최근 인간성 상실을 극복하기 위해서 인문학을 알자는 운동이 여러 곳에서 활발히 진행되고 있습니다. 왜 사람들이 인문학을 찾는 걸까요? 그건 바로 자기 자신을 반성함으로써 삶을 이해하고, 또 앞으로 나아갈 방향도 찾을 수 있기 때문입니다.

2

친구들의 마음을 알고 싶어

1. 유나언니
2. 고아라서 부끄러워
3. 하늘이의 방문
4. 자기반성

 삶은 내가 이미 얻은, 정신연관이라 부르는 낡은 체험들을 기반
으로 하여 새로운 체험들을 계속 얻게 됨으로써 성립된다.

— 빌헬름 딜타이

1 유나언니

월요일 아침이 되었어요.

유나가 아무리 깨워도 진아는 일어날 생각을 하지 않았어요.

"지각하겠다. 저번 주 금요일에도 지각하지 않았니?"

"나 배 아파."

진아가 웅얼거렸어요. 그러자 갑자기 유나가 큰 소리로 웃기 시작했어요.

"아하하하! 꾀병쟁이."

"아니야, 진짜야. 진짜 배 아파."

"왜 배가 아픈지 말해 봐."

유나는 진아 침대에 걸쳐 앉으며 말했어요.

"언니 학교 가야 하지 않아?"

"괜찮아. 그러니까 말해 봐."

진아는 잠시 망설였어요. 그러다 어렵게 입을 뗐어요.

"언니."

"응?"

"언니 친구들은 언니가 고아원에서 사는 거 알아?"

그렇게 물으면서도 진아는 내심 걱정이 되었어요. 유나가 화를 내면 어쩌나, 이런 말을 해도 되나 하는 생각이 들었거든요. 그런데 유나는 아무렇지도 않게 그렇다고 대답해 줬어요.

"누가 고자질한 거야?"

"아니. 내가 말해 줬어."

진아는 말문이 막혀 버렸어요. 자기 입으로 고아라는 사실을 말했다니 믿을 수가 없었죠. 어떻게 그럴 수가 있었을까요?

"부모님이 없는 건 내 잘못이 아니잖니? 아무것도 잘못한 게 없는데 굳이 숨길 필요가 있겠어? 친구들이랑 말하다 보면 자연스

럼게 부모님 이야기가 나오잖아. 그때마다 나도 부모님이 있는 척할 수도 없고, 거짓말하게 될 거 아냐. 그래서 친한 친구들에겐 사실대로 말했어. 그걸 어떻게 받아들일지는 친구들의 문제지. 만약 내가 고아원에서 사는 게 싫다고 하면, 나도 그 친구랑 친하게 지낼 필요가 없는 거야."

"하지만 난 언니처럼 용기가 없는 걸."

"네가 고아원에서 사는 걸 누가 알아 버린 거야?"

"응."

"그 친구가 다른 아이들에게 고자질할까 봐 무서워?"

"응."

"그 친구가 말하지 않으면 좋겠지. 그런데 만약 그 친구가 말하더라도 넌 잘 해 나갈 수 있을 거야. 내 동생이니까."

"부모님이 다른데도 내가 언니 동생이야?"

"그럼 네가 내 언니니?"

"그건 아니지만."

"부모님이 같지 않아도 형제하면 되지. 우린 같은 방에서 지내잖아. 그리고 누가 뭐라고 해도 나는 네가 내 동생이라고 생각하는 걸. 넌 안 그래?"

"아니야, 나도 그래."

"그래. 같은 부모 자식만 형제, 자매라고 할 순 없어. 사람 일이란 건 '일 더하기 일은 이다' 하고 딱 떨어지는 수학공식처럼 되는 게 아니거든."

"어? 호야랑 비슷하게 이야기한다."

"뭐?"

"호야가 그랬거든. '일 더하기 일은 이'와 같은 건 자연과학적 사고래. 그런데 삶의 의미를 이해하는 것을 인문학적 사고라고 하는 거야."

"어머, 우리 진아. 정말 똑똑하네. 그래. 진아야. 내가 널 어떻게 생각하고 네가 날 어떻게 생각하느냐에 따라 우리는 친자매처럼 지낼 수 있는 거지. 그러니까 힘내. 언니가 항상 함께 있어 줄 테니까."

진아는 유나의 말을 듣자 힘이 났어요. 그래서 아침밥도 맛있게 먹고 학교에 갈 수 있었지요.

교실 앞에 선 진아는 심호흡을 했어요. 아이들이 무슨 말을 해도 잘 견뎌 낼 거라고 다짐까지 했어요. 호주머니 속에 있는 호야도 힘을 내라고 응원해 주었어요.

진아는 천천히 문을 열었어요. 교실 안의 분위기는 평소와 다르지 않았어요. 진아가 자기 자리에 가서 앉자 짝꿍이 인사를 건넸어요.

"오늘은 지각 안 했네."

"응. 일찍 일어났어."

"좀 더 일찍 왔으면 좋은 구경했을 텐데."

"무슨 구경?"

"반장이랑 부반장이 싸웠어."

진아는 순간 가슴이 덜컹 내려앉는 것 같았어요. 혹시 자기와 관련이 있는 일인가 싶어서였어요.

"왜 그렇게 놀래?"

"아, 아니야. 그런데 무슨 일로 싸웠어?"

"저번 주 금요일에 부반장이 청소 당번이었는데 그냥 집에 가 버렸거든."

"그랬어?"

"응. 그것 때문에 반장이 한마디한 거야. 그러자 부반장이 사정이 있었다고 그러는 거야."

"그래서?"

"반장이 그 말을 듣자마자 '그건 네 사정이고!' 라며 쏘아붙였던 거지."

짝꿍은 반장의 말투까지 흉내를 내며 말했어요.

"그래서 부반장이 화가 나서 싸운 거야?"

"그렇지, 뭐. 하여튼 대단했어. 얼마나 차갑게 몰아붙이는지, 듣고 있는 내가 다 소름이 끼쳤다니까."

진아는 그 말을 들으면서 하늘이를 흘깃 쳐다봤어요. 하늘이는 아무 일도 없었다는 듯 열심히 책을 읽고 있었어요.

"아직은 비밀을 지켜 준 것 같아."

진아는 호야에게 소곤거렸어요.

"응. 그런데 너무 신경 쓰지 마. 그러다 병 생기겠다."

"그래도 자꾸만 신경 쓰여."

"유나가 그렇게까지 말해 줬는데도?"

"언니와 난 다르잖아."

"하긴."

진아는 호야 말대로 아무렇지도 않은 척하고 싶었어요. 그러나 아무리 마음을 다잡아도 다른 아이들이 알까 봐 걱정이 되는 거예요. 그래서 자꾸 불안하고요.

'난 정말 바보야.'

진아는 자신의 머리를 콩 때렸어요. 자신이 정말 마음에 들지 않았거든요.

2 고아라서 부끄러워

수업이 다 끝나고 고아원으로 돌아갈 시간이 되었어요. 진아는 다른 아이들보다 늦게 교실에서 빠져나왔어요. 청소 당번이었거든요.

운동장을 건너 교문을 지나치는 순간이었어요. 누군가 진아의 이름을 불렀어요. 진아는 소리가 들리는 쪽으로 고개를 돌렸어요. 교문 앞에는 하늘이가 서 있었어요.

"아, 안녕."

진아는 자신도 모르게 인사부터 했어요. 하루 종일 교실에서 함께 수업을 받았는데 마치 오늘 처음 만나는 것처럼 어색했어요. 그건 하늘이도 마찬가지였나 봐요. 멋쩍게 웃으며 '안녕'이라고 인사했으니까요.

"엄마가 너랑 같이 오래."

하늘이는 빠르게 말했어요. 그 말을 하기가 무척 힘든 모양이었어요. 진아는 아무 말도 없이 고개만 끄덕였어요.

"갈 거지?"

"하지만……."

"학원비는 안 내도 되니까 걱정할 건 없고."

하늘이는 진아가 망설이는 게 학원비 때문이라고 생각했나 봐요. 하지만 진아는 그런 생각은 해 보지도 않았어요. 그래서 더욱더 당황해 버렸죠.

"야."

진아가 인사도 못 하고 빨리 걸어가 버리자 뒤에서 하늘이가 불렀어요. 진아는 뒤돌아 볼 수가 없었어요. 자꾸만 눈물이 나올 것 같았거든요.

"엄마가 데리고 오라고 했다니까!"

뒤쫓아 온 하늘이가 진아의 어깨를 잡았어요. 그리고는 버럭 화를 내며 말했어요. 진아는 고개만 푹 숙인 채 가지 않겠다고 말했어요.

"마음대로 해. 누군 너와 가는 게 좋아서 그런 줄 아니?"

하늘이는 핑 쏘아붙이더니 자기 갈 길을 가 버렸어요. 길에 혼자 남은 진아는 옷소매로 눈물을 닦았어요.

"울보가 되어 버렸니?"

호야가 말했어요.

"그런가 봐."

진아는 중얼거렸어요.

길가에는 많은 사람들이 다니고 있었어요. 다들 바쁘게 보였어요. 그런데 진아는 바쁘게 걸을 수가 없었어요. 고아원으로 가기가 싫었거든요. 원장선생님과 유나언니와 친구들이 있는데도 말이에요.

고아원은 그냥 고아원이니까요.

진아는 그 자리에 주저앉아 펑펑 울기 시작했어요. 몇몇 어른이 다가왔어요. 왜 우냐고 물었지만 진아는 아무 대답도 하지 않았어요. 그러자 어른들도 하나 둘 자기 갈 길을 가 버렸어요.

"바보. 울보 진아."

호야가 가볍게 나무랐어요.

"알아. 그런데, 자꾸만 부끄러워."

"그건 네가 네 마음을 알지 못해서 그래. 그건 네가 삶을 이해하지 못해서 그래."

"몰라, 그딴 것. 그냥 부끄러워. 자꾸만 부끄러워!"

진아가 소리쳤어요. 호야의 말은 귀에도 들어오지 않았어요.

지난 사흘 동안 친구들이 고아인 걸 알게 될까 봐 두려워했던 기억이 떠올랐어요. 학원비는 내지 않아도 된다는 하늘이의 말도 생각났어요. 육 년 전, 자신을 두고 떠나 버린 엄마의 뒷모습도요.

그러나 무엇보다도 약해서 울기만 하는 자신이 제일 마음에 들지 않았어요. 그래서 자꾸만 더 울고 싶었어요. 아무리 울어도 눈물이 마르지가 않았어요.

어떡하면 좋을까요? 진아는 지금 세상에서 가장 슬픈 아이가 되어 버렸는데.

3 하늘이의 방문

"진아야. 진아야."

저녁이었어요. 고아원으로 돌아와서 곧바로 진아는 잠을 잤어요. 그런데 누군가가 진아를 깨웠어요. 눈을 비비며 일어났더니 콩이가 앞에 서 있었어요.

"응, 왜?"

"누가 찾아왔어."

"누가?"

"저번에 딸기선생님 딸이라는 애 있었잖아, 걔."

진아는 잠에 취해 눈을 반만 뜨고 있었어요. 그런데 콩이의 말을 듣고는 몹시 놀란 나머지 잠이 확 달아나 버렸어요.

"계속 이러고 있을 거야?"

콩이가 방을 나간 후에도 진아는 한참을 앉아 있었어요. 왜 찾아왔는지 알 수가 없었죠. 무엇보다도 진아는 하늘이를 만나고 싶지 않았어요. 그런데 호야가 빨리 나가 보자고 재촉했어요.

"나가면 뭐?"

"뭐라니? 너 찾아 왔잖아."

"그거야 걔 사정이지. 몰라."

진아는 다시 누워 버렸어요. 그리고 이불을 머리끝까지 뒤집어 썼죠.

"바보. 겁쟁이."

호야가 옆에서 중얼거렸어요.

"알아. 난 바보, 울보인데다 겁쟁이야."

"그러지 말고 나가 봐. 왜 왔는지 궁금하지도 않아?"

"안 궁금해."

"걔가 너한테 뭘 그렇게 잘못했는데?"

이불 속은 어두웠어요. 눈을 뜨고 있었지만 아무것도 보이지가 않았죠. 숨 쉬는 것도 답답했어요. 그래서 진아는 이불을 젖혀 버렸어요. 새우처럼 누워서는 눈앞에서 왔다 갔다 하는 호야를 그냥 쳐다보기만 했어요.

"기다린다잖아."

"안 오면 가겠지, 뭐."

"진아야, 만나서 해결해. 여기까지 찾아온 걸 보면 아까 일 사과하려고 그러는 거 아닐까?"

"에이, 시끄러워."

진아는 톡 쏘아붙였어요. 그리고는 벌떡 일어나 문 쪽으로 걸어갔어요.

"야! 나도 데려가야지."

침대 위에서 날개를 파닥거리며 호야가 말했어요. 진아는 들은 척도 안하고 그대로 나가 버렸어요.

"어디에 있다는 거야?"

현관까지 나갔지만 하늘이의 모습은 보이지 않았어요. 그래서 마당 쪽으로 고개를 내밀고 살폈어요. 흔들의자에 누군가 앉아 있는 모습이 보였어요. 하늘이라는 생각이 들었죠. 진아는 흔들의자가 있는 쪽으로 걸어갔어요.

"안녕."

하늘이가 먼저 인사를 했어요.

"안녕."

진아도 그렇게 말하며 옆 벤치에 앉았어요.

한동안 둘은 아무 말도 안했어요. 너무 서먹해서 진아는 하늘만 바라봤어요.

노을이 진 하늘빛은 굉장히 화려했어요. 이러다 곧 어두워지겠죠. 그때까지 그대로 앉아 있기만 해야 할까요? 진아는 손가락을 꼼지락거리며 어떻게 할까 생각했어요. 찾아왔으면 먼저 말을 할 것이지, 멍하니 말도 없이 앉아 있기만 하나 싶었죠. 벌떡 일어나 가 버릴까, 아니면 먼저 말을 걸어 볼까, 이런 저런 생각을 했어요. 그런데 둘 다 썩 옳은 행동은 아닌 것 같아 그냥 있기로 했습니다.

그런 상태로 또 한참이 지났어요. 진아는 정말 일어나 가고 싶어졌어요. 그래서 인사하고 가려는데 갑자기 하늘이가 말을 꺼냈어요.

"미안해."

생각도 못한 말이었어요. 그래서 진아는 뭐라 대답할 수가 없었어요.

"사실 엄마한테 야단맞았어."

"아…… 네가 왜?"

"사람의 마음을 알지 못한다고. 친구가 들었을 때 기분이 좋은 말인지, 나쁜 말인지를 생각한 후에 말하래."

"그랬구나."

"그래서 한참 생각해 봤어. 아까 내가 했던 행동과 말을. 미술학원에 같이 가자고 했을 뿐인데 네가 왜 기분 나빠 했는지. 처음에는 이해가 안 됐어. 그런데 조금 알 것 같기도 해. 생각해 보니 내가 네 자존심을 건드렸던 것 같아. 어때, 내 말이 맞니?"

하늘이는 사과를 하러 온 것이 분명해요. 그런데 진아는 기분이 풀리기는커녕 점점 나빠지는 것만 같았어요. 지금도 그랬어요. 자존심을 건드렸다니, 왜 그렇게 생각했을까요? 진아는 왜 그런 말이 기분 나쁘게 들릴까요?

"진심이 아닌 것 같아."

진아는 중얼거렸어요.

"뭐?"

"잘 모르겠어. 네가 한 말들은 다 맞는 것 같긴 한데, 진짜로 미안해하는 것 같지가 않아."

진아는 하늘이를 쳐다보지 않았어요. 그냥 입에서 나오는 대로 말했죠. 그러면서도 자신이 왜 이런 말을 하는지 알 수가 없었어요. 하늘이에게 상처를 입히고 싶었던 건 아니었어요.

더 있다가는 정말 나쁜 말을 하게 될까 봐 진아는 벌떡 일어났어요. 잘 가. 쳐다보지도 않고 인사만 했어요. 그러고는 건물 쪽을 향해 걸어갔어요. 그런데 뒤에서 하늘이가 소리쳤어요.

"아니야, 진심이야! 진심이 아니면 내가 여기까지 왜 왔겠니?"

진아가 우뚝 멈춰 섰어요.

"잘못했다고 생각했기 때문에 온 거지. 그렇지 않았으면 안 왔을 거야."

뒤를 돌아보자 하늘이가 자기 쪽으로 걸어오는 모습이 보였어요. 아주 진지한 얼굴을 한 채로요.

"미안해, 정말."

진아는 하늘이가 내민 손을 잡았어요. 따뜻했어요. 그리고 그 순간, 진아는 깨달았어요. 교문 앞에서 하늘이가 한 말은 상처를 받을 만했어요. 그러나 진아는 그 말이 주는 상처보다 더 큰 상처를 받았던 것이죠.

알아요. 그건 하늘이의 잘못이 아니에요. 진아는 그동안 계속 불안해하고 있었던 거예요. 자신이 고아니까. 고아인 게 밝혀질까 봐. 고아라서 부모도 없고 돈도 없다는 소리를 들을까 봐요.

그걸 누군가 조금 건드리자 확 터져 버렸던 거예요.

4 자기반성

"오늘 하루 힘들었지?"

호야가 물었어요.

"응. 그래도 하늘이가 와 줘서 좋았어. 그런데 사실 난 하늘이가
좀 부러웠다."

진아는 쑥스러워하며 말했어요.

"뭐가?"

"엄마한테 야단맞잖아. 그러면서 엄마한테 배우는 게 많잖아."

"넌 나한테 배우잖아."

"칫, 잘난 척은."

"사람의 삶은 신비로 가득 찬 법이야. 사람의 행동이나 사회 활동은 매우 복잡하게 얽혀 있다고. 사람들은 그 신비에 얽힌 일들을 체험하고 표현하고 이해해야 해. 딜타이도 그렇게 말했어. 너도 그래. 지금 네게 일어난 모든 일이 어떤 의미인지 생각해 볼 필요가 있어."

"머리 아프게 꼭 생각해야 하나?"

"그럼. 동물이라면 먹고 자는 문제만 생각하면 되지만 넌 사람이잖아. 사람이기 때문에 다른 사람과 함께 살아가는 자신의 삶을 돌이켜 보고 반성하는 거지.

반성은 꼭 무언가를 잘못해서 뉘우친다는 뜻이 아니야. 돌이켜 보고 다시 생각해 보는 것 자체가 반성이지. 그걸 통해 잘못을 뉘우칠 수도 있고, 잘한 건 앞으로 더 발전시킬 수도 있는 거야. 오늘 하늘이도 자신의 행동을 반성했잖아."

"그럼 무엇이든 반성해야 돼? 내가 그림을 그리는 것도 반성해 봐야 해?"

"당연하지. 내가 왜 그림을 그리고 싶어 할까? 어떤 그림을 그리고 싶은 걸까? 그림을 그리면 행복할까? 그렇게 스스로에게 질문해야지. 그래야 너라는 사람의 의미가 더욱 단단해지는 거야."

"자기반성을 하려면 자신에 대해서도 잘 알아야겠네?"

"응. 정말 많이 똑똑해졌네, 진아."

"뭐, 별로."

"오늘 너 길에서 울었지?"

자기반성 이야기를 하던 호야가 문득 창피한 일을 이야기해서 진아의 얼굴이 화끈거렸어요.

"지금 그걸 자기반성하자는 거야?"

"응. 뭐 어때?"

"창피해. 싫어."

난 뽀로통하게 고개를 핑 돌리며 말했어요. 호야는 진아의 토라진 뺨을 어루만지며 속삭였어요.

"겉으로 볼 때 네가 운 건 하늘이가 심한 말을 했기 때문이야. 그런데 마음속에 있는 진짜 이유는 창피하고 서러워서였지. 미술학원에 돈을 내 줄 부모도 없고, 원장선생님한테 달라고 하기도 미안하고."

진아의 눈에 눈물이 글썽글썽 맺혔어요.

"그렇다면 너 자신에게 한번 물어봐. '그게 왜 창피해?' '창피할 필요가 있어?' 하고 말이지. 그게 바로 자기반성이야. 자기반성을 하면 네가 왜 그런 생각을 하고 왜 그런 행동을 했는지, 즉 네가 어떤 사람인지 더 명확하게 알 수 있어. 그럼 같은 일로 또 울지는 않을 거야. 마음이 더 단단해질 테니까."

진아는 고개를 끄덕였어요. 사실 호야의 말을 다 이해한 건 아니에요. 그래도 자기반성이라는 말은 마음에 들었어요. 자기반성을 통해 나 자신을 더 잘 알게 된다는 말도요.

사람을 겉으로만 보는 것이 아니라 그 속까지 안다는 건 멋진 일인 것 같아요. 나 자신뿐만 아니라 내 친구들의 속마음까지 알 수 있다면 얼마나 좋을까요? 또 내 친구들이 내 속마음을 알아준다면요?

하늘이는 영리하지만 차가운 아이예요. 그런데 하늘이는 자신의 마음을 보여 주었어요. 그래서 진아는 하늘이의 마음을 이해할 수가 있었죠. 하늘이의 진심이 무엇인지도 알게 되었고요.

하늘이가 말하기 전에 진아 스스로 곰곰이 생각해 보고 하늘이의 마음을 깨달았다면 얼마나 좋았을까요? 그럼 울지도 않았을 텐데.

"나는 많이 생각해야 되겠어. 나 자신과 내 친구들에 대해서. 그리고 원장님이나 엄마에 대해서도. 그럼 언젠가는 말해 주지 않아도 다른 사람들 마음을 이해하는 날이 있겠지?"

"그럼. 우리 진아가 누군데."

호야는 진아의 입에 뽀뽀를 해 줬어요. 사실 뽀뽀라고 하기에는 좀 뭐하지만……. 조그만 호야의 머리가 진아의 입술에 부딪친 거라는 표현이 더 맞을 거예요.

삶의 체험

우리들이 문화와 역사를 바르게 알려고 하는 것은 결국 어떤 목적일까요? 우리들은 왜 자연사실을 알려고 하며 또한 역사적 세계를 알고자 할까요?

우선 우리들은 자연 대상이 무엇인지, 그리고 역사적 세계와 문화가 어떤 것인지를 앎으로써 궁금증을 풀 수 있습니다. 그렇지만 우리들이 자연 세계와 역사적 세계를 알고 나서, 한 걸음 더 나아가 우리가 알아챈 것들을 체험하고 표현하며 이해하려고 하는 것은 왜일까요? 바로 인간의 본성을 파악하려는 목적입니다.

우린 다음과 같은 주장에 한번 귀 기울여 볼 필요가 있습니다.

"19세기 초반부터 현재 21세기 초반에 이르기까지 자연과학의 발달은 과거 어느 시기와 비교할 수 없을 만큼 괄목할만한 것이었어. 더군다나 최근 1년간 과학의 발달은 일백년에 걸친 과학의 발달과 맞먹을 정도라니까!"

이 주장은 맞는 말입니다. 그런데 현대사회의 모습은 어떤 형태를 가지고 있습니까? 요새 젊은이들을 보면 자연과학 또는 자연과학을 바탕으로 삼은 응용과학인 각종 공학을 공부하고 그런 계통에 취직하여 일해야만 성공한 삶을 이끌어 나갈 수 있다는 믿음이 매우 확고합니다. 왜냐하면 우리는 자연과학적인 방법으로 모든 것을 알 수 있다고 생각해 왔기 때문이지요.

자연과학은 인과법칙을 기본으로 합니다. 인과법칙은 '어떤 원인이 있어야 그에 따른 결과가 따라 나온다'는 것입니다. 하지만 인간의 역사와 문화적 삶도 인과법칙에 의해 설명할 수 있을까요?

우리들은 자연과학적인 관찰, 실험, 검증과는 전혀 성격이 다른, 자기반성이라는 정신 활동에 의해서 문화를 체험한다고 말할 수 있습니다. 우리들은 체험한 문화적 삶을 표현하고 이해하기까지 합니다. 예컨대 우리들이 친구를 사귀고 알 때 우리는 자연과학적으로 친구를 관찰하고 실험하고 검증함으로써, 그리고 인과법칙에 따라 친구를 분석함으로써, 친구를 참답게 알 수 있을까요?

　우리는 진정한 친구에 대해 다음과 같이 말할 수 있을 것입니다.

　"나는 단지 눈으로 친구를 보아서, 그리고 단지 귀로 친구의 음성을 들어서 친구를 사귀고 아는 것이 아니야. 나는 친구의 겉모습을 보고 사귀는 게 아니고, 나 스스로 자기반성을 통해 친구의 삶을 체험함으로써 친구를 참답게 알 수 있는 거야."

　이처럼 우리들은 경험뿐 아니라 내면적인 삶의 체험을 통해서 역사적 세계를 참답게 알 수 있습니다.

진아의 마음은?

1. 마음이 보이는 그림
2. 딸기선생님의 미술학원
3. 생명의 나무
4. 내 세상을 그림으로

 지속적으로 고정된 삶의 표현들에 대한 이해를 우리는 해석이
라고 부른다. 그리고 정신적 삶은 언어를 통해서만 완전하고 창
조적으로 표현되고, 따라서 객관적으로 알게 해 주기 때문에,
(……) 이런 기술이 문헌학의 토대이다. 그리고 이런 기술이 학문
의 해석학이다.

— 빌헬름 딜타이

1 마음이 보이는 그림

진아는 혼자 교실에 남아 있었어요. 다른 친구들은 수업이 끝나자마자 학교를 나섰어요. 다들 피아노 학원이나 영어 학원으로 갔을 거예요. 반에서 학원에 다니지 않는 학생은 진아뿐이었거든요.

진아는 창문을 열었어요. 시원한 바람이 교실 안으로 들어왔어요. 파란 하늘에 거북이 같이 생긴 구름이 천천히 지나가고 있었어요.

진아는 가방 안에서 도화지를 꺼냈어요. 그리고 날아다니는 거북이를 그리기 시작했어요. 호야처럼 날개가 달린 거북이 위에 여자아이가 타고 있었어요. 그 여자아이는 진아처럼 단발머리에 몸보다 큰 옷을 입고 있었어요.

"여자아이가 손에 들고 있는 게 뭐야?"

호야가 물었어요.

"누구긴? 너지."

"책처럼 생겼는데."

"넌 책이잖아. 나한테 철학을 가르쳐 주니까."

"하하, 그런가."

진아는 여자아이의 머리 위에 커다란 리본도 올려 주었어요. 리본의 꽁다리는 굉장히 길어 하늘에서 나풀거렸죠. 밑그림을 다 그린 후 어떤 색깔을 입히는 것이 좋을까 생각할 즈음이었어요. 교실 문이 열렸어요. 그리고 하늘이가 들어왔어요.

"많이 기다렸지? 선생님이 또 심부름을 시키잖아."

맞아요. 진아는 하늘이를 기다리고 있었어요. 오늘 하늘이와 함께 미술학원에 가기로 했거든요. 진아는 '괜찮아'라고 작은 소리로 말했어요.

"그림 그리고 있었어?"

하늘이는 성큼성큼 걸어와 그림을 보려고 고개를 내밀었어요. 그러나 진아는 그림을 등 뒤로 숨겨 버렸죠.

"보면 안 돼?"

"그런 건 아니지만……."

진아는 그림을 보여 주는 게 부끄러웠어요. 왜냐하면 그건 그냥 그림이 아니었으니까요. 그건 일기였어요. 진아의 마음을 보여 주는 일기요. 그림을 보면 누구라도 진아가 하늘을 날고 싶다고 생각하는 걸 알 수 있을 거예요.

하늘이는 자꾸만 그림을 보여 달라고 했어요. 진아는 하늘이에게 그림을 쑥 내밀었어요. 하늘이는 어른처럼 심각한 표정을 한 채 그림을 유심히 봤어요. 아주 짧은 시간이었을 거예요. 그런데 진아는 그 시간이 무척 길게 느껴졌어요. 마치 심사를 받는 것 같았거든요.

"선이 거칠구나. 구도도 별로고."

하늘이가 말했어요.

"으응."

진아는 당황했어요. 그리고는 이런 생각을 했죠. 하늘이는 언제나 당당하고 똑똑하고 논리적이라 다 옳은 말만 하는 것 같다고요.

"엄마는 네 그림이 좋다고 자주 칭찬을 하셨어."

그렇게 말하는 하늘이의 목소리가 왠지 우울하게 들렸어요.

"선생님이?"

"응. 진아 너 토요일마다 그림 배운 지 반 년 정도 됐나?"

"으응. 벌써 그렇게 됐네."

"나는 엄마한테 다섯 살 때부터 배웠어."

"와, 대단하다……."

"그런데 엄마는 내 그림이 늘 마음에 안 드나 봐."

"으응."

"딱딱하대. 돌로 만든 심장처럼."

진아는 무슨 말을 해야 할지 알 수가 없었어요. 하늘이는 지금 진아에게 속마음을 보여 주고 있었어요. 아무에게나 할 수 없는 말이었을 거예요. 그런 걸 알면서도 진아는 섣부르게 위로를 건넬 수도 없었어요.

하늘이는 그림을 뚫어지게 쳐다봤어요. 그리고 한숨을 내쉬었어요.

"거북이처럼 생겼지만 구름이었구나. 긴 리본은 바람이고."

"어떻게 알았어?"

"보이는 걸. 네 마음이."

"으응."

"엄마는 그래서 네 그림이 좋다고 한 걸까? 대상을 바라보는 마음이 느껴진다고. 돌로 만든 심장이 아니라서."

그렇게 말한 뒤 하늘이는 또 한참 그림만 쳐다봤어요. 진아는 하늘이의 머리에 손을 올리고 싶었어요. 그리고 천천히 쓰다듬어 주고 싶었죠. 지금 하늘이는 슬퍼 보였거든요.

그림을 그리는 건 재미있어요. 예전엔 그냥 지나쳤던 것들이 새롭게 보이기 시작하거든요. 저 나무는 어떻게 그리는 것이 좋을까? 저 아이는 이런 색깔이 어울리겠다. 저 그네는 무슨 생각을 할까?

그림을 그릴 때에는 눈에 보이는 사물들이 그냥 보통의 사물로 보이지 않았어요. 감정과 뜻을 가지고 있는 것처럼, 또 그것만이 가지고 있는 숨은 의미가 있는 것처럼 보였거든요.

진아는 그래서 그림 그리는 게 좋았어요. 사물을 그렇게 보기 시작하면서 세상이 더 재미있어졌거든요. 문득 하늘이도 좀 더 재미있게 그림을 그렸으면 좋겠다는 생각이 들었어요.

"가자."

하늘이와 진아는 학교 건물에서 나왔어요.

운동장은 비어 있었어요. 바로 몇 분 전만 해도 아이들이 많이 있었는데 언제 그렇게 다 빠져 나갔을까요?

"궁금한 게 있는데 물어봐도 돼?"

하늘이가 말했어요. 진아는 고개를 끄덕였어요.

"너 혼잣말 잘 하지?"

진아는 깜짝 놀라서 교문을 나서다 말고 멈춰 섰어요.

"누구랑 대화하는 거야?"

"그, 그냥."

"그냥?"

하늘이는 호야를 이해할 수 있을까요? 진아는 잠시 망설였어요. 그리고 호주머니에서 호야를 꺼내 보여 주었어요.

"천사 인형이네."

"호야야."

"호야? 호야랑 대화한다는 거야?"

"응."

"호야가 정말 말할 줄 알아?"

"응."

하늘이는 아무 말 없이 호야를 봤어요. 그리고 진아 얼굴도 한번 쳐다봤죠. 뭔가 할 말이 있는 듯 입을 열다가 다시 다물었어요.

"말한다고 하니까 신기해?"

그래서 진아가 대신 말했어요.

"응. 그런데 많이 낡았네. 꽤 오래된 인형인가 봐."

"예전에 엄마가 준 거야."

"엄마가?"

"응."

하늘이는 이상하다는 표정으로 쳐다봤어요. 진아는 고아인데 어떻게 엄마가 있냐는 듯이요. 그리고 그걸 어떻게 물어봐야 할지 망설이는 것 같기도 했어요. 진아는 아무렇지도 않은 듯 말해 주었어요.

"일곱 살 때까지는 엄마와 살았거든. 굉장히 작은 방에서. 엄마는 매일 식당에 나갔는데 들어오실 때마다 맛있는 걸 들고 오셨어. 식당에서 남은 걸 가져 오셨지만."

"그래?"

하늘이는 진아의 말을 가만히 들어 주었어요. 굳이 위로하려고 애쓰지도 않았고요. 그래서 진아는 하늘이가 더 가깝게 느껴졌어요. 하늘이의 마음이 느껴졌거든요. 엄마 이야기에 상처를 받을까 봐 걱정하는 그 마음이요.

2 딸기선생님의 미술학원

미술학원은 5층 건물의 3층에 있었어요. 1층은 식당이고 2층은 피아노 학원이었어요. 4층은 올라가보진 않았지만 간판을 보고 수학전문학원이라는 것을 알았죠.

진아는 다른 아이들처럼 학원에 다녔으면 좋겠다고 생각한 적은 없어요. 오히려 힘들겠다고 여겼죠. 하루 종일 학교에서 공부하고, 저녁에는 학원에서 공부하니까요. 그러나 막상 학원으로 들어서자 기분이 좋았어요. 사실 학교가 끝나면 다들 학원으로 가

버려서 놀 친구가 없었거든요.

미술학원에 들어서자 그림을 그리고 있는 몇몇 아이들이 눈에 띄었어요. 아이들 사이에서 왔다 갔다 하며 가르치던 딸기선생님 이 활짝 웃으며 진아에게 다가왔어요. 진아가 쑥스러워 하자 딸기 선생님은 등을 토닥토닥 두드려 주면서 말했어요.

"잘 왔다."

진아는 배시시 웃었어요.

"얘들아, 그림 그리고 있어. 그리고 진아는 선생님이랑 저쪽 방 에 가서 얘기 좀 할까?"

"엄마, 나는?"

"너는 그림 그려야지."

"무슨 비밀 이야기 하려고 그래?"

"왜, 듣고 싶어?"

"아니야, 진아야. 조금 있다가 보자."

"응."

옆방은 딸기선생님의 방이었어요. 큰 책상과 이젤, 물감 같은 게 있었죠. 창가에는 선인장 화분들도 놓여 있었어요.

"거기 앉아. 오렌지 주스가 좋아, 포도 주스가 좋아?"

"포도 주스요."

"그래. 나도 포도 주스 마셔야겠다."

딸기선생님은 그렇게 말하며 벽 구석에 있는 냉장고의 문을 열었어요. 김치 냄새와 함께 찬 기운이 느껴졌어요.

"내가 정리하는 걸 잘 못해. 냉장고 안이 좀 지저분하지?"

딸기선생님은 포도 주스를 건네며 말했어요.

"아뇨."

"괜찮아, 사실대로 말해도. 하늘이는 냉장고를 볼 때마다 잔소리를 하는 걸."

"엄마한테요?"

"엄마도 잘못하면 야단맞아야지, 뭐. 할 수 있나? 그런데 하늘이가 좀 쌀쌀맞긴 하지?"

진아는 고개를 끄덕이며 웃었어요.

"그럴 줄 알았다. 그 아인 아주 논리적이라 틀린 말은 안 해. 그런데 그림을 그릴 때에는 그게 장점이기도 하지만 단점이 되기도 한단다."

"어째서요?"

"그림은 수학공식 같은 게 아니니까. 아, 내가 처음부터 어려운

이야기만 하고 있구나. 사실, 진아에게 할 이야기가 있어."

진아는 순간 긴장했어요. 무슨 이야기일지 예상할 수가 없었거든요.

"좋은 선생님을 만나면 학생은 행복할까?"

딸기선생님이 물었어요.

"행복해요."

"그럼 좋은 학생을 만나면 선생님은 행복할까?"

그제야 진아는 딸기선생님이 무슨 말을 하려는지 알게 되었답니다. 선생님은 지금 진아에게 좋은 학생이라는 말을 하고 있는 거였어요. 그래서 진아는 바로 대답을 할 수가 없었어요.

"학생과 마찬가지로 선생님도 그래. 나는 진아의 그림을 보면 행복하거나 슬프거나 하는 감정을 느낀단다. 그건 진아의 내면이 보이기 때문이야. 그래서 진아에게 그림을 가르쳐 주고 싶다는 욕심이 생겼어. 어때? 계속 선생님에게 그림을 배워줄 테야?"

진아는 고개를 끄덕였어요.

"진아야. 수업료 같은 건 중요하지 않아. 알고 있지? 진아와 나는 서로의 마음을 이해하는 사람들이니까."

"네."

"좋은 그림을 그리는 화가가 된다면 선생님은 정말 기쁠 거야. 그러니까 열심히 하자."

"고맙습니다. 선생님."

진아는 자기의 마음을 다 표현하지 못해서 안타까웠어요. '고맙다'라는 말보다도 더 마음이 담뿍 담긴 말은 없을까요? 무슨 말을 해야 지금 진아의 마음을 다 표현할 수 있을까요?

그래서 진아는 생각했어요. 나중에 좋은 화가가 되면 선생님에게 보답할 거라고요. 그날을 위해서라도 열심히 그림을 배우기로 했어요.

"무슨 말했어?"

화실로 돌아가자 하늘이가 물었어요.

"그냥."

진아가 얼버무렸어요. 딸기선생님과 나눈 대화를 아무에게도 말해 주고 싶지 않았어요. 힘든 일이 있을 때마다 아무도 모르게 혼자 되뇌며 힘을 얻을 거예요.

하늘이는 익숙한 솜씨로 밑그림을 그리기 시작했어요. 탁자 위에는 코끼리 조각상이 있었어요.

진아는 가만 눈을 감았어요.

초원을 자유롭게 다니는 코끼리가 떠올랐어요. 코끼리의 긴 코는 하늘을 향해 올라가 있었어요. 아름다운 상아는 햇살에 반짝거렸고요.

진아는 눈을 떴어요. 그리고 밑그림을 그리기 시작했어요. 진아의 마음속에 들어 있는 코끼리는 사자나 호랑이보다도 덩치가 크지만 그 어떤 동물보다도 지혜롭고 착한 눈을 하고 있었어요. 그리고 따뜻한 빛깔을 가지고 있어요. 마치 딸기선생님처럼요.

3 생명의 나무

진아가 딸기선생님 미술학원에 다닌 지도 한 달이 다 되어 가요. 그동안 진아에게는 많은 변화가 있었어요. 그림에 대해 더 많은 사실을 알게 되었죠. 그림을 그리는 방법만 말하는 것은 아니에요. 이를테면 이제까지 몰랐던 미술의 역사나 화가들의 그림도 알게 되었어요.

그리고 또 있어요. 원장선생님이 이젤과 물감을 사 주셨어요. 유나언니는 아르바이트를 해서 붓을 종류별로 사 주었고요. 무엇보다 가장 큰 변화는요, 정말 좋은 친구가 생긴 거예요. 그 친구가 누구냐고요? 바로 하늘이에요. 하늘이는 그냥 친구가 아니에요. 같은 꿈을 가지고 함께 노력하는 친구죠.

오늘도 진아는 학원에서 그림을 그리고 있어요. 딸기선생님은 '꿈'을 그려 보라고 했답니다. '꿈'은 형태가 없어서 화병이나 조각상을 그리는 것과는 달라요. 과학적으로도 '꿈'을 설명할 수가 없을 거예요. 실험할 수도, 분석할 수도 없으니까요.

하지만 호야가 그랬잖아요. 인문학은 세계의 의미와 가치를 해석하는 거라고요. 진아는 '자신의 꿈'을 잘 그릴 수 있을 거예요. 이미 진아의 내면에는 그 꿈이 형태를 가지고 있으니까요.

"너도 화가가 되는 것이 꿈이라고 했잖아?"

진아의 그림을 보더니 하늘이가 물었어요. 하늘이는 바로 옆에서 그림을 그리고 있었거든요. 미술학원에선 둘이 짝꿍이에요.

"응. 그 꿈을 그리고 있어."

"이게?"

하늘이는 알 수 없다는 표정으로 고개를 갸웃거렸어요. 진아도 하늘이의 그림을 슬쩍 봤어요. 하늘이의 그림엔 '한 여자가 이젤 앞에서 그림을 그리고 있는 모습'이 있었어요.

"저 여자가 너구나."

"알아보겠니?"

"응. 이마도 넓고 눈도 크네. 딱 너야."

"하하하. 내가 좀 예쁘게 그리긴 했지. 그런데 네 그림은⋯⋯."

"생명의 나무야."

"뭐? 주제가 꿈인데?"

"나한테 그림은 삶의 철학이야."

"뜬금없이 무슨 말이야?"

"삶의 철학에서 가장 중요한 건 생명이거든."

"오호, 왠지 멋진 말인데."

"그러니까 나한테 그림은 생명이야. 화가가 되는 것이 꿈이 아니라 그림을 그리는 것이 꿈이라고 해야 하는 거지. 좋은 그림을 많이 그려서 내 생명의 나무에 열매를 맺고 싶어."

하늘이는 놀란 표정으로 진아를 봤어요. 그리고 곧 울 듯한 표정으로 자신의 그림을 뚫어질 듯이 쳐다보았어요.

"왜 그래?"

진아가 물었어요.

"싫어졌어."

하늘이는 그렇게 말한 뒤 벌떡 일어났어요. 딸기선생님이 무슨 일이냐고 물어도 대답하지 않았어요. 그대로 화실을 빠져나가 버렸어요. 진아는 하늘이의 뒤를 따라가려고 일어섰어요.

"그냥 있어."

딸기선생님이 진아를 멈춰 세웠어요. 진아는 어쩔 줄 몰라 그대로 서서는 문 쪽을 바라보았어요.

"그림 때문이구나."

딸기선생님은 진아와 하늘이의 그림을 번갈아 보며 말했어요. 그리고는 슬며시 웃었어요.

"선생님."

"괜찮아. 아무 걱정하지 마. 하늘이가 속상해서 그래."

"왜요?"

"글쎄. 왜일까? 얘들아, 선생님 좀 보자."

아이들이 그림을 그리다 말고 딸기선생님과 진아가 있는 쪽을 쳐다봤어요.

"이 두 그림의 차이를 알겠니?"

두 그림을 아이들 쪽으로 돌리며 딸기선생님이 물었어요.

"둘 다 꿈을 그린 거예요?"

중학생 언니가 물었어요.

"그래."

"화가를 그린 것은 사실적이네요. 나무를 그린 것은 꿈이 열리는 걸 표현한 것 같고요."

"잘 봤어. 그럼 두 개의 그림 중에 어느 그림이 더 낫다고 말할 수 있겠니?"

아이들은 아무 말도 하지 않았어요.

"그래 뭐가 더 낫다고 말할 순 없어. 화가를 그린 이 그림은 꿈이라는 주제를 논리적으로 설명하듯이 보여 주는 그림이야. 그리고 나무를 그린 그림은 뭐라고 설명할 순 없지만 마음으로 느낄 수 있는 그림이고. 어느 게 맞고 틀린 건 아니야. 그런데 이런 질문을 할 수는 있겠지. 이 두 그림 중 어떤 그림에서 화가의 깊은 속마음을 이해할 수 있겠니?"

"나무 그림이요."

"그래. 나무 그림이야. 이 그림은 그림을 그리는 사람의 내면까지도 보여 주고 있어. 단지 '내 꿈은 화가다' 하는 사실을 알려 주기만 하는 게 아니라, '어떤 세상에서 어떤 것을 하고 싶다' 하고 말하지. 즉 이 그림을 볼 땐 '이런 것이 내 꿈이다' 하고 진아가 표현한 것을 해석해 봐야 하는 거지. 우리에게는 이런 성찰이 필요하단다. 보이지 않는 것도 볼 줄 아는 눈 말이야."

아이들의 눈이 반짝거렸어요. 그리고는 다들 큰 소리로 대답했어요.

"네, 성찰할래요!"

"성찰이 뭔지나 알고?"

딸기선생님이 깔깔 웃었어요.

"선생님. 너무해요. 우리를 무시하시다니."

"어라? 무시한 거 아닌데? 자, 다시 그림들 그려. 그리고 진아야. 참 잘 그렸어. 진아의 마음은 따뜻해서 그림에서도 그대로 느껴져."

"고맙습니다."

진아는 꾸벅 인사를 했어요. 딸기선생님에게 칭찬을 받아 몹시 기뻤어요. 그런데 하늘이는 어떡하죠? 진아는 하늘이가 걱정되어 자꾸만 문 쪽을 쳐다봤어요.

4 내 세상을 그림으로

"그림을 본격적으로 배우는 기분은 어때?"

호야가 물었어요.

"좋아."

"더 자세히."

"자세히? 음, 네 날개처럼 내 등에도 날개가 달린 기분이랄까?
있잖아. 자유롭게 날 수 있을 것 같아."

"그래, 그럴 거야. 그림은 네 마음을 표현하고, 세상을 보는 눈

이 될 테니까. 난 네가 무슨 생각을 하는지, 뭘 어떻게 느끼고 깨
닫는지. 항상 그게 궁금하단다."

"왜?"

"왜냐니? 너도 잘 알듯이 나는 세상에서 너를 가장 사랑하니까
그렇지."

호야는 참. 어떻게 그런 말을 부끄러워하지도 않고 할까요? 진
아는 손바닥으로 호야의 얼굴을 가려 버렸어요.

"야, 아프잖아."

살짝 건드렸는데 호야는 호들갑을 떨었어요. 그 모습이 우스워
진아는 킥킥거렸죠. 그러자 옆 침대에서 자고 있던 유나가 뒤척거
렸어요. 유나의 꿈에도 진아의 웃음소리가 들린 것일까요? 진아
는 자기 입을 막았어요.

호야가 다시 귓가로 날아왔어요. 그리고 조용히 말하기 시작했
어요.

"사람들은 현실 속에서 살아가고 있어. 무수히 많은 경험을 하
게 되어 있지. 그것을 체험하고 이해하고 또 다시 밖으로 표현하
면서 우리는 의미 있게 살아갈 수 있는 거야. 네가 그림을 그리는
것처럼."

"맞아, 그런 것 같아. 아무 것도 경험하지 않는데 그냥 생각하지는 않잖아."

"그래. 많이 경험하고 많이 생각하고, 또 많이 이해하고 많이 표현하렴. 그러면 어느 순간 진아만의 독창적인 사고를 가지게 될 거야. 그리고 그런 사고를 가지게 되면 독창적인 그림도 그릴 수 있겠지. 네가 보는 세상을 그림으로 표현한다는 건 정말 멋진 일 같지 않아? 사람들은 그 그림을 보면서 너를 이해할 거야."

진아는 가슴이 두근거렸어요.

'내가 보는 세상을 그림으로 표현한다.'

정말 멋지지 않아요?

기술심리학

철학에서 사용하는 말들을 처음 대하면 도대체 뜻을 전혀 알 수 없는 어려운 개념들이 무척이나 많은 것처럼 여겨집니다. 예컨대 해석학이니 현상학이니 기술심리학과 같은 말들은 몇 번씩 설명을 들어도 제대로 이해되지 않습니다.

철학의 용어들만 어려운 것은 아닙니다. 사실 기하학, 물리학, 우주공학, 경영학 등의 용어들도 난해한 것이 많습니다. 특히 철학 용어들이 다른 분야의 용어들보다 더 어렵게 느껴지는 이유는 바로 철학을 생활과 먼 고매한 학문이라고 여기는 일상적인 습관 때문일 것입니다.

그럼 앞에서 말한 세 개념들, 곧 해석학과 현상학과 기술심리학에 관한 비교적 간단하고 명쾌한 설명을 들어보기로 합시다.

"해석학이란 철학의 방법 중 하나야. 베를린 대학의 철학 교수로서 헤겔보다 조금 앞선 슐라이어마허는 일생동안 고대 그리스어로 된 플라톤

의 〈대화편〉들을 거의 다 독일어로 번역했고 동시에 성서도 독일어로 번역했어. 슐라이어마허는 번역은 새로운 해석이라고 생각하게 되었어.

우리말에 책을 제대로 읽으려면 책 뒷면까지 꿰뚫어 읽어야 한다는 말이 있지? 슐라이어마허는 성서의 의미를 제대로 파악하기 위해서는 성서의 문장을 단지 문법적으로 해석하는 것을 넘어서서 문장의 내면에 담겨있는 의미를 해석하여야 한다고 생각했어. 한층 더 나아가서 그는 삶을 옳게 파악하기 위해서는 삶을 해석하여야 한다고 주장하게 되었지.

따라서 슐라이어마허의 전통은 딜타이는 자연 세계를 관찰하고 인과 법칙에 따라서 측정하지 말고 역사적 세계를 체험하고 표현하며 이해하는 해석학에 의해서 삶의 뜻을 파악할 수 있다고 주장했어." "현상학은 무엇이냐고? 철학의 역사를 어느 정도 알면 현상이라는 용어를 쉽게 알 수 있을 거야. 철학에서는 보통 영원불변한 것을 실재라고 부르고, 생성과 소멸을 반복하며 변화하는 것을 현상이라고 불러.

그러나 현상학에서 말하는 현상은 뜻이 전혀 달라. 현상학의 현상은 의식의 본질과 구조를 말해."

"기술심리학이 무엇이냐고? 이 말은 딜타이와 몇몇 사람이 쓴 말이고 딜타이가 뜻하는 기술심리학은 독특한 거야. 딜타이가 살았던 당시의 심리학은 인간의 의식을 탐구했지만 그것은 인과법칙을 따르고 관찰과 실험을 통해 연구하므로 자연과학적이었어.

딜타이는 우리들의 역사적 세계나 문화, 곧 삶의 체험을 표현하기 위해서는 인문학으로서의 심리학이 필요하다고 보았어. 그러니까 딜타이가 말하는 기술심리학이란 삶의 체험을 그대로 기술함으로써 역사적 세계를 표현하고 이해하는 학문인 셈이지."

4

우정은 서로를 이해하는 것

1. 왜 미안하니?
2. 원장선생님
3. 오미자차
4. 이해의 해석학

 나는 삶의 표출이라는 말을, 스스로 정신적인 무언가를 드러내
려고 의도한 것뿐만 아니라 우리에게 뭔가를 이해하게끔 만들
어 주는 것까지도 포함해서 사용한다.

— 빌헬름 딜타이

1 왜 미안하니?

어제 하늘이는 미술학원으로 돌아오지 않았어요. 진아는 걱정이 되어 잠까지 설쳤어요. 그래서 여느 때 보다도 일찍 고아원을 나섰어요. 하늘이 집 앞에서 기다렸다가 같이 등교할 생각이었죠.

이십분이 지나도록 하늘이는 나오지 않았어요. 그렇다고 초인종을 누를 수도 없었어요. 아침부터 딸기선생님 집에 찾아가는 건 예의가 아니잖아요. 진아는 한참을 망설이다가, 할 수 없이 초인종을 누르려는데 갑자기 문이 열렸어요.

"하늘······."

진아는 하늘이의 이름을 부르다 말고 멈칫했어요.

"어머. 여기서 뭐하니?"

딸기선생님이었어요.

"아, 하늘이를 기다려요."

그러자 딸기선생님은 당황하는 것 같았어요.

"약속한 거야?"

"아니에요. 그냥 온 거예요."

"어쩌니? 하늘이 아침 일찍 갔는데."

"네, 그럼 가 보겠습니다."

무척 실망했지만 진아는 밝게 인사를 하고 돌아섰어요. 그런데 딸기선생님이 불렀어요.

"어제 일 때문에 신경이 쓰여서 그러는구나. 걱정하지 마. 선생님이 잘 얘기할 거야. 그런데 너 지각하는 거 아니야?"

"괜찮아요. 아직 시간 남았어요."

"그래. 오후에 보자."

딸기선생님과 헤어진 후 진아는 터벅터벅 걸었어요. 학교로 가는 길이 참 멀게 느껴졌어요.

"기운 내."

호야가 위로했어요.

"그렇지만, 하늘이가 나하고 말도 안 하면 어떡해?"

"설마 그럴 리가 있겠어? 네가 잘못한 것도 없는데."

"하지만……."

"진아야."

"응?"

"그렇게 크는 거야. 아이들은."

"칫. 조그만 게 또 잘난 척한다."

"이래 보여도 다 큰 거야."

"휴."

"한숨 쉬지 마. 복 날아간다."

알겠다고는 했지만 진아의 마음은 계속 무거웠어요. 그래서 그런지 발걸음을 옮기는 것도 힘들었고요. 십 분이면 갈 길을 이십여 분이나 걸려 도착했어요.

"결국 지각해 버렸네."

수업은 벌써 시작됐을 거예요. 이왕 늦은 거 첫 시간이 끝난 다음에나 들어갈 생각이었어요. 그래서 은행나무 아래 벤치에 앉았어요.

"호야."

"응?"

"하늘이가 나를 싫어할까 봐 걱정이 돼."

"아니라니까. 하늘이는 그냥 자기 자신에 대해 생각하기 시작한 거야. 그러니까 친구인 네가 기다려 줘."

"그런가?"

"응."

"그랬으면 좋겠다."

진아는 그렇게 말하며 살짝 눈을 감았어요. 잠을 설쳐서인지 굉장히 피곤했거든요.

갑자기 음악소리가 들리기 시작했어요. 진아는 깜짝 놀라 눈을 떴어요. 시계를 보니, 세상에. 그냥 눈만 감았을 뿐인데 잠이 들었나 봐요!

복도에는 아이들이 삼삼오오 짝을 지어 놀고 있거나 이야기를 하고 있었어요. 교실 가까이 가자 반 아이들의 모습도 보이기 시작했어요. 그런데 반 아이들이 흘깃흘깃 쳐다보는 거예요. 진아는 책가방을 메고 있어서 그런가 하고 생각했어요. 교실 안으로 들어

섰어요. 아이들이 무슨 말인가를 수군거리고 있다가 갑자기 입을 다물었어요. 시끄럽던 교실이 한순간에 조용해졌어요. 진아는 자기 자리로 가 앉았어요. 뭔가 이상하긴 한데, 그게 뭔지 알 수가 없었어요.

"무슨 일 있니?"

짝꿍에게 물었어요.

"으응? 아니."

짝꿍은 고개까지 흔들며 말했어요.

"그런데 분위기가 왜 이렇지?"

진아는 그렇게 중얼거리며 하늘이 자리가 있는 쪽으로 눈길을 돌렸어요. 하늘이는 꼿꼿하게 앉아 책상을 내려다보고 있었어요. 책을 읽는 것 같지도 않고, 필기를 하는 것 같지도 않았죠. 꾹 다문 입술 때문인지 뭔가에 화가 나 있는 듯했어요.

진아는 하늘이를 불렀어요. 하늘이가 돌아보았어요. 그런데 하늘이의 흰자위가 빨갛게 충혈 되어 있는 거예요. 깜짝 놀란 진아는 일어나서 하늘이 자리로 가려고 했어요. 그와 동시에 수업을 시작하는 음악소리가 들렸어요. 그리고 선생님이 바로 들어오셨어요.

수업시간 내내 진아는 하늘이의 등만 봤어요. 울었던 걸까요? 왜 울었을까요? 진아는 걱정이 되어 견딜 수가 없었어요. 그래서 처음에는 아이들이 곁눈질하는 것도 처음엔 알지 못했죠. 수업이 끝날 즈음이었을 거예요. 진아는 아이들이 자꾸만 자기를 쳐다보고 있다는 사실을 깨달았어요.

'정말 오늘 무슨 일 없었어?'

진아는 공책에다 글을 써서 짝꿍에게 내밀었어요. 짝꿍은 글을 읽고 나서 진아의 얼굴을 잠시 쳐다봤어요. 짝꿍과 눈이 마주친 진아는 가슴이 덜컹 내려앉는 것 같았어요. 그리고 빠르게 두근거리기 시작했어요. 그 눈빛에서 진아는 느꼈거든요.

진아는 짝꿍처럼 그런 눈으로 쳐다보는 사람들을 많이 보아 왔어요. '고아였니? 불쌍해라' 같은 말을 하는 눈빛이요.

'너 고아라는 거 알아. 짝꿍인데도 도움을 준 게 없어서 정말 미안해.'

짝꿍이 공책에 글씨를 써서 보여 주었어요. 진아는 순간 세상이 빙글빙글 도는 듯했어요. 멀미가 날 것 같았어요.

"왜 그러니?"

선생님이 물었어요. 반 아이들이 자신을 올려다보는 게 보였어요. 그 안에는 하늘이도 있었죠.

"진아야, 앉아."

선생님이 가까이 다가오는 게 보였어요. 진아는 언제 벌떡 일어난 걸까요? 진아 자신도 알 수가 없었어요.

"진아야!"

선생님이 소리쳤어요. 진아는 이해할 수가 없었어요. 왜 소리를 치는지. 그리고 자기가 왜 복도를 뛰고 있는지.

그래요. 진아는 뛰고 있었어요. 복도를 지나 운동장을 지나 교문을 지나 멀리 가기 위해 있는 힘껏 뛰었어요. 뒤에서 누군가 자신의 이름을 불렀지만 멈추지 않았어요.

고아원 대문 앞에 도착한 진아는 그 자리에 퍼질러 앉았어요.

거친 숨소리가 들렸어요. 그리고 짝꿍의 목소리도 들렸어요.

'도움을 주지 못해서 미안해.'

2 원장선생님

"진아야. 왜 그러고 있니?"

고개를 든 진아는 원장선생님을 보았어요. 원장선생님은 옛날
이야기에 나오는 할아버지처럼 생겼어요. 주름이 많은데다 눈처
럼 하얀 머리카락과 수염 때문에요. 고아원 아이들은 원장선생님
을 할아버지라고 불러요. 원장선생님이 그렇게 부르는 것을 좋아
하기 때문이죠.

"어디로 가야할지 모르겠어요."

진아는 중얼거렸어요. 원장선생님은 진아 옆에 자리를 잡고 앉았어요.

"무슨 일이 있었니?"

진아는 고개를 저었어요.

"그럼 들어가자. 바닥이 차구나."

"할아버지."

"응?"

"엄마가 돌아올 거라고 하셨잖아요."

원장선생님은 진아의 눈을 가만히 들여다봤어요. 진아는 그 눈을 똑바로 노려보았어요. 엄마가 돌아오지 않은 게 원장선생님의 잘못이라도 되는 것처럼요.

"왜 아무 말도 못하세요?"

"진아야."

"거짓말쟁이들."

진아는 벌떡 일어났어요. 그리고 뛰기 시작했어요. 엄마가 사라졌던 골목길을 지나 차도를 건너고도 한참을 계속 뛰었어요. 멀리 가고 싶었어요. 학교와 고아원이 없는 곳으로요.

세상에 있는 길은 왜 이렇게 길까요? 아무리 뛰어도 끝이 보이지 않았어요.

"그만. 진아야. 그만. 쓰러지겠다."

호야가 말했어요. 진아는 거칠게 숨을 몰아쉬면서도 걷는 것을 멈추지 않았어요. 자신을 바라보던 아이들의 눈이 머릿속에서 자꾸만 떠나지 않았어요. '불쌍해.' '진아.' '고아라니.' 그런 눈들이었어요. 그런 눈이 벌레처럼 따닥따닥 붙어 떨어지지 않았어요.

날이 저물고 있었어요.

진아는 편의점 앞에 앉아 있었어요. 한 번도 와 본 적이 없는 동네였어요. 오가는 사람들을 멍하게 쳐다만 보았죠.

"돌아가자, 진아야."

호야도 하루 종일 시달렸을 거예요. 그래서 말하는 목소리에 힘이 하나도 없었어요.

"하늘이가 말할까 봐 내내 걱정했어."

진아가 말했어요.

"함께 떠들고 웃다가도, 학원에서 그림을 그리다가도, 하늘이가 언젠가는 말할까 봐 계속 눈치를 봤어."

"진아야, 다른 아이들처럼 부모님이 있었다면 좋았을 거야. 그

렁지만 대신 네게는 원장선생님과 유나, 친구들이 있잖아. 사람들마다 가진 게 다를 뿐이야. 그냥 다른 거야. 그러니까 아이들이 안다고 해서 뭐가 문제겠니?"

"아이들이 나를 불쌍하게 생각하는 게 싫어."

"네가 스스로 불쌍하지 않으면 되잖아. 다른 아이들이 어떻게 보던 무슨 상관이야?"

"왜 상관없어? 내가 이 세상에 혼자 사는 것도 아닌데."

"그래, 많은 사람들이 함께 살고 있어. 모두 다른 모습으로 다른 생각을 하며 사는 거지. 그런데 어떻게 네가 원하는 대로만 생각하기를 바라니?"

"하지만 친구들은 다르잖아. 친구들은 적어도……."

"적어도 뭐? 걔들이 네게 뭐라고 말했니?"

"몰라. 잔소리할 거면 버려 버릴 거야."

"진아야. 네 마음이 불쌍하면 너는 불쌍한 거야. 하지만 네 마음이 행복하면 너는 행복한 거고. 그러니까 네가 네 마음을 들여다봐. 다른 아이들이 뭐라고 하든."

"듣기 싫어. 잔소리 하지 마."

진아는 고집스럽게 말했어요. 그리고 무릎에다 얼굴을 파묻었어요.

얼마나 시간이 지났을까요? 한기가 들어 깨어났더니 하늘이 캄
캄해져 있었어요.

"고아원에서 걱정하겠다. 가자."

호야가 말했어요. 진아는 천천히 일어났어요. 다리가 저려 왔거
든요.

"또 어디로 가? 고아원 가는 길이 아니잖아."

당황한 호야가 물었지만 진아는 대답하지 않았어요.

"진아야."

호야는 급기야 날개를 펄럭이며 진아의 눈앞까지 올라왔어요.

"엄마 찾으러 갈 거야."

"무슨 수로 찾는다고 그래? 네가 일곱 살짜리 꼬마냐? 고아원
으로 돌아가."

진아는 눈앞에서 조잘거리고 있는 호야를 붙잡았어요. 그리고
호주머니에 집어넣어 버렸죠. 그때였어요. 도로를 달리던 연두색
차가 급하게 멈춰 섰어요. 그리고 그 안에서 원장선생님과 유나가
나왔어요.

"진아야!"

유나언니가 진아의 손을 붙잡았어요. 진아는 그 손을 뿌리쳤어요. 그러자 원장선생님이 진아의 어깨를 잡고 놓아주지 않았어요.

"돌아가자."

원장선생님이 말했어요.

고아원 대문 앞에서 처음 만났을 때처럼 다정하고 부드러운 음성이었어요. 원장선생님은 그때처럼 진아를 살포시 끌어안아 주었어요.

"아가. 걱정했단다."

3 오미자차

고아원으로 돌아온 진아는 멍하니 침대에 누워 있었어요.

굉장히 피곤한 하루였어요. 하루 종일 얼마나 뛰었던지 종아리가 심하게 당겼어요. 그런데도 잠이 오지 않아 이리저리 뒤척거리고만 있었어요.

"진아야. 이거 마셔."

유나가 따뜻하게 데운 우유를 들고 왔어요. 진아는 받아들긴 했지만 마시진 않고 침대 옆 탁자 위에 두었어요.

"학교에서 전화가 왔었어. 수업시간에 갑자기 나왔다며?"

"……."

"왜 그랬니?"

"애들이 알았어."

"네가 고아원에서 산다는 걸?"

"응."

유나는 아무 말 없이 진아를 안아 줬어요. 호야처럼 잔소리도 안 하고 잘난 척도 안 했어요.

"심장 소리가 들려."

진아는 그렇게 말하며 눈을 감았어요. 심장 박동소리가 자장가처럼 들렸어요. 유나의 품에 안긴 채 진아는 잠들었어요. 진아를 깨우지 않으려고 유나는 꼼짝도 하지 않았어요.

아침이 되었어요. 진아는 침대에서 미적거리고 있었죠. 머리가 아픈 것 같기도 하고, 배가 아픈 것 같기도 했어요. 그러고 보니 다리도 아프네요. 그래서 진아는 학교에 갈 수 없다고 결정을 내렸어요. 그런데 유나는 생각이 다른가 봐요. 지각하기 전에 빨리 일어나라고 하는 거예요.

"정말 아파."

"정말 아파? 정말? 정말?"

"응. 정말 정말 정말."

유나는 웃으며 말했어요.

"그래, 그럼 오늘 하루는 푹 쉬어. 할아버지에게는 내가 꼭 말해 줄게."

유나가 방에서 나가는 모습을 본 뒤 진아는 이불을 걷어치우고 앉았어요. 어제부터 그림을 무척 그리고 싶었거든요. 어제는 미술 학원도 가지 않았잖아요. 단 하루 그리지 않았을 뿐인데 아주 오랫동안 그림을 그리지 않았다는 생각이 드는 거예요.

"뭘 그리게?"

크게 하품을 하며 호야가 물었어요.

"글쎄."

진아는 하얀 도화지를 뚫어지게 쳐다보며 말했어요. 뭔가를 그리고 싶었는데 연필을 잡고 보니 막상 그릴 게 없었어요.

"나는 어때?"

"너?"

"예쁜 천사잖아."

"잔소리꾼 주제에. 싫어."

"쳇."

호야는 침대로 돌아가 베개 위에 누웠어요.

진아는 연필을 돌리며 뭘 그릴까 계속 생각했어요. 그런데 방문이 열리고 연지와 선영이가 들어왔어요. 연지와 선영이는 유치원에 다니는 꼬마들이랍니다.

"왜?"

"언니, 어디 아파?"

연지가 고사리 같은 손으로 진아의 이마를 짚으며 물었어요.

"누가 그래?"

"유나언니가. 언니 아파서 오늘 학교 못 간다고 했어."

"응. 머리도 아프고 배도 아파."

"그럼 우리가 간호해 줄까?"

"유치원에 가야지."

"안 가도 돼."

"너희도 머리가 아프고 배가 아파?"

"아니."

"그럼 유치원에 가. 언니는 할아버지랑 통통이아줌마가 간호해 줄 거야."

연지와 선영이는 서로 쳐다보며 어떻게 할까 고민했어요. 그래서 진아는 아이들의 손을 하나씩 잡고 방을 나섰어요. 아이들의 방은 일층에 있어서 한 층 아래로 내려가야 했어요.

"아직 옷도 안 갈아입었네."

진아는 아이들의 옷장에서 유치원복을 꺼냈어요. 둘 다 단추를 잠그는 게 아직 서툴러서 일일이 잠가 주었어요. 때마침 통통이아줌마가 들어왔어요.

"어머, 진아가 도와주고 있었네? 자, 예쁜이들 나가자. 유치원 버스 올 시간 다 되었어요."

통통이아줌마는 아이들을 이끌고 나갔어요. 진아도 그 뒤를 따라갔어요. 진아는 항상 아이들보다 일찍 학교에 가기 때문에 유치원 버스가 고아원 앞까지 오는 줄도 모르고 있었죠.

유치원 버스 안에는 이미 서너 명의 아이가 타고 있었어요. 연지와 선영이가 버스 안으로 들어서자 반갑게 인사하는 소리가 들렸어요. 안녕, 안녕.

진아는 유치원 버스가 떠난 뒤에도 한참을 그 자리에 서 있었어요. 그 옆에는 통통이아줌마가 있었죠.

"유치원 버스를 타고 가면 애들이 고아원에서 산다는 걸 알게 되잖아요."

"그게 어때? 마당이 큰 집에서 사는 거야. 다른 아이들보다 형제도 많고."

"애들이 상처 입을 수도 있잖아요."

"그럴 수도 있겠지. 하지만 지금 저 아이들은 자연스럽게 받아들이고 있어. 유치원 친구들도 그렇고. 스스로 부끄럽다고 생각하기 시작하면 다른 아이들도 그렇게 대할 거야. 그냥 자연스럽게 서로에 대해 아는 것이 더 낫지 않을까?"

진아는 통통이아줌마의 말을 묵묵히 듣기만 했어요. 머릿속이 복잡했어요. 어제 있었던 일들을 하나하나 되짚어도 보고, 그 이전에 있었던 일들을 생각하기도 했죠.

"들어가자. 아직 아침도 안 먹었지?"

통통이아줌마가 진아의 어깨에 팔을 둘렀어요. 진아는 아줌마가 이끄는 대로 식당으로 들어갔어요.

"사과를 듬뿍 넣은 카레야. 달콤할 거야. 먹고 힘내기다."

통통이아줌마는 큰 접시에 밥을 한가득 담았어요. 그리고 뜨거운 김이 나는 카레를 그 위에다 얹어 주었어요. 카레 향을 맡으니 조금 전까지 멀쩡했던 배가 고파 왔어요. 그래서 진아는 카레 밥을 숟가락 가득 퍼먹기 시작했어요.

"참 복스럽게 먹네. 얼마나 보기 좋아? 밥 다 먹고 오늘 푹 쉬도록 하렴."

입 안 가득 음식물이 들어 있어서 진아는 고개만 끄덕였어요.

"착하다, 진아."

통통이아줌마는 머리를 쓰다듬어 주었어요. 진아는 사람들이 머리를 쓰다듬어 주거나 팔짱을 끼거나 손을 잡아 주는 것을 좋아해요. 사람들의 체온을 느낄 수가 있거든요.

"진짜 맛있어요."

입속에 있는 음식물을 다 삼킨 뒤 진아가 엄지손가락을 내보이며 말했어요.

"그럼. 누가 만든 건데."

통통이아줌마는 호탕하게 웃으며 말했어요. 진아는 아줌마 웃음소리가 참 좋았어요. 거침이 없거든요. 그래서 속이 다 시원해지는 느낌이었어요.

"자, 이건 특별히 진아만 주는 거야."

밥을 다 먹자 통통이아줌마가 붉은 빛이 도는 음료를 내밀었어요. 한 모금 마셔본 진아는 깜짝 놀라서 말했어요.

"맛이 독특해요."

"오미자차야. 다섯 가지 맛을 느낄 수가 있지."

"다섯 가지요?"

"응. 신맛, 단맛, 짠맛, 쓴맛, 매운맛이 나. 신기하지?"

"네."

"아줌마는 가끔 이런 생각도 들어. 세상은 오미자차 같다……."

"그렇게 말하니까 철학자 같아요."

"그래? 듣기 좋은데."

"헤헤."

"마시고 싶으면 언제든 말해. 아줌마가 오미자차는 실컷 줄 수 있어."

"네. 잘 먹었습니다."

진아는 식기를 개수대에 넣은 뒤 식당에서 나가려고 했어요. 그런데 통통이아줌마가 불렀어요.

"참. 어제 네가 없는 동안 친구가 찾아 왔었는데."

"친구요?"

"응. 하늘이라고 했지? 아마. 네가 아직 안 들어왔다고 하니까 깜짝 놀라더라. 그래서 원장선생님과 유나가 너 찾으러 나갔다고 말해 줬어."

"네."

진아는 그렇게만 말하고 식당을 나왔어요. 그리고 방으로 들어가 침대에 누웠어요.

"오미자 같다."

진아가 중얼거렸어요.

"뭐가?"

호야가 물었어요.

"내 마음이. 하늘이가 밉기도 하고, 싫기도 하고, 좋기도 하고, 미안하기도 하고, 배신감도 느껴지고."

"오후에 미술학원에 가 봐. 그리고 하늘이랑 만나서 말해 봐. 하늘이가 말한 게 아닐 수도 있잖아."

"글쎄. 아냐. 내일은 학교 갈 거니까 내일 물어보지, 뭐."

"내일은 학교 갈 거야?"

"응. 학생이니까."

진아가 그렇게 말하자 호야가 킥킥 웃었어요.

"왜?"

"예뻐서 그런다."

진아는 호야를 흘겨보았어요.

"너도 오미자차야."

그렇게 툭 뱉어내고는 호야의 날개를 잡고 가볍게 흔들었어요.

"너도 오미자차야."

호야도 따라 말하며 바동거렸어요. 조그마한 호야가 기를 쓰고 달려드는 모습이 우스꽝스러워 진아는 쿡쿡 웃고 말았죠.

4 이해의 해석학

"이런 말똥에 섞인 무말랭이! 호박덩굴에 핀 곰팡이 같으니!"

한참 바둥거리다가 지친 호야가 몸을 축 늘어뜨리며 이렇게 내뱉었어요.

"뭐? 말똥 무말랭이? 호박이 뭐?"

진아는 어이가 없어 피식피식 웃음이 나왔어요. 호야는 포기한 표정으로 손을 탈탈 털며 내뱉었어요.

"그래……. 내가 이해해야지, 별 수 있나. 이해해, 이해해."

"나도 이해해, 이해해."

"아니. 내 말은 네가 생각하는 그런 이해가 아니야."

"그럼 뭐야?"

"우리가 보통 친구를 이해한다거나 말을 이해한다거나 할 때의 이해가 아니라고."

"그럼 다른 이해가 있어?"

"내가 말하는 이해는 역사적, 문화적 사건에 대한 이해야."

"그게 무슨 말이야?"

"'설명'이란 건 자연과학적인 방법이야. 그런데 '이해'는 인간의 정신과 관련된 학문의 목표지. 예를 들어 1960년 한국에서 4.19혁명이 일어났던 것 알지? 4.19혁명은 학생과 시민들이 독재 정권에 대해 항거했던 사건이야.

이런 경우 그 사건의 경위를 설명하는 것보다는 그게 어째서, 왜 일어났는가 생각해 보는 게 더 중요한 문제야. 오늘날 우리가 4.19혁명을 어떻게 이해하니?"

"자유를 되찾기 위한 운동이었다고. 맞나?"

"그래, 그런 것처럼 역사적 사건은 이해의 대상이라는 말이야."

"그렇구나. 어렵긴 하지만 왠지 똑똑해지는 것 같다."

"내가 있으니까 좋은 점이 많지?"

"잘난 척은."

진아는 호야의 파닥이는 날개를 톡톡 건드리며 장난을 쳤어요.

"악! 하지 마!"

"히힛. 내가 만약 너처럼 작다면 어떨까? 나중에 그것도 그림으로 그려봐야겠다."

"예술적 상상력으로 표현하시겠다?"

"내 그림을 본 친구들도 자기가 요정이 되는 상상을 하겠지?"

"음. 아마도."

"하늘이는 분명 자기가 요정이 된 모습을 상상해서 그림으로 그릴 거야."

"그렇다면 하늘이는 딜타이가 말한 이해와 해석의 과정을 밟은 것이군."

"어? 그래? 그게 그런 거야?"

"네가 날 통해서 요정이 되는 상상을 하고, 그 상상을 그림으로 그렸지? 그건 너의 체험과 표현이야. 그걸 본 하늘이는 네 그림에서 느낀 걸 바탕으로 해서 자기 나름대로 요정이 된 상상을 해. 또 그 상상을 그림으로 그릴 거야. 그럼 그건 재체험이고 재표현인 거지."

"아하, 그렇구나! 이제 딜타이가 무슨 얘길 한 건지 확실히 알
겠어. 정말 그 말이 맞는 것 같아. 내 그림을 알려면 과학적인 설
명 방법으로는 안 돼. 이해를 해야 하지."

"우리는 예술 작품을 어떻게 해석해야 할까? 너는 이 물음에 어
떻게 답하겠니? 그런 질문에 대한 답은 아마도 '예술가의 체험과
표현을 이해함으로써 해석한다' 라고 답할 수 있을 거야."

진아는 고개를 끄덕였어요. 그림을 그릴 때마다 그와 비슷한 생
각을 하고 있었거든요.

어떤 그림을 그리더라도 진아는 자신의 체험이 밑바탕에 깔려
있다는 사실을 알았어요. 그 체험을 진아 나름대로 표현한 것이
그림이었고요.

"넌 너의 체험을 아주 잘 표현하고 있어. 삶을 가치 있는 것으로
만들기 위해서는 네 삶을 올바로 보는 통찰이 필요해. 그러니까
진아야. 네 그림의 바탕이 되는 네 현실도 가치 있다고 생각하렴.
알겠지?"

체험, 표현, 이해

우리들은 누구나 인문학의 특징은 이해에 있으며 자연과학의 특징은 설명에 있다는 사실을 잘 알고 있습니다. 우리들은 정신적 삶의 연관을 이해합니다.

지금 여기 내 앞에 고려청자 한 점이 있다고 칩시다. 이 고려청자 한 점을 굽기 위해서 도공은 얼마나 많은 도자기를 빚고 또 빚었을까요? 이 고려청자 한 점은 그 자체로 도공의 정신적 삶을 깊이 간직하고 있습니다.

물론 우리는 고려청자의 색깔과 크기 등을 물리적으로 측정할 수 있습니다. 고려청자를 물리적으로 측정하는 것은 바로 고려청자를 자연과학적으로 설명하는 것이지요. 그러나 고려청자의 의미와 가치는 자연과학적 설명을 넘어섭니다.

고려청자가 지닌 정신적 삶은 자연과학적으로 설명될 수 있는 것이

아닙니다. 이해해야 하는 것이죠. 우리 인간들의 체험은 표현되기 이전까지는 무의식적인 것이지만, 일단 표현된 후에는 의미를 띠게 됩니다. 그때야 비로소 이해할 수 있는 무언가가 되는 것입니다.

그런데 무언가를 이해한다고 할 때, 이해한다는 것은 정확히 무슨 뜻일까요? 다음의 대화를 들어봅시다.

"딜타이는 기본적 이해와 높은 차원의 이해 두 가지로 나누었단다. 좀 더 쉽게 말해볼까?

일상적이고 단순한 이해가 있어. 그건 기본적 이해이지. 예컨대 '이것은 고려청자이다'라는 문장을 보고, '아, 이것은 고려시대에 만든 청자구나' 하고 이해한다면 그건 기본적 이해야.

그렇지만 '이 고려청자는 고려 중기에 개성 근처에서 왕에게 진상하기 위하여 만들어진 것이다'하는 문장을 보며, '이 청자를 만든 고려시대 도공은 도자기를 왕에게 바치기 위해 최선을 다해 흙을 빚고 색을 입혔겠구나' 하고 이해한다면 그건 높은 차원의 역사·문화적 이해란다."

"나는 똑같은 이야기를 다르게 표현하고 싶어. '오늘은 비가 온다'라는 문장은 기본적 이해를 필요로 하는 거야. 그리고 고려청자에 대한 문

장은 문화적 이해를 필요로 하는 거지.

　그런데 딜타이의 말에 조금만 주의를 기울이면 두 가지 이해는 결국 하나의 이해라는 사실을 금방 알 수 있어. 무슨 말이냐고?

　높은 차원의 이해, 즉 역사·문화적 이해는 기본적 이해를 포함한다는 거야. '이것은 고려청자이다'를 보고 이해한 내용은, '이 고려청자는 고려 중기에 개성 근처에서 왕에게 진상하기 위하여 만들어진 것이다'는 문장을 보고 이해한 것 안에 포함되어 있다는 말이지."

　이 말이 뜻하는 바는 무엇일까요? 결국 이해에도 단계가 있다는 뜻이지요.

　그렇다면 최고의 이해, 다시 말해서 궁극적인 이해란 무엇일까요?

　"향긋한 아카시아 꿀을 맛본다고 하자. 그건 생생한 체험에 해당해. 그 꿀맛을 무척 좋아한 사람이 아카시아 꿀맛 사탕을 만들어 자기도 먹고 다른 사람들에게도 나누어 주었다고 하자. 아카시아 꿀맛 사탕을 맛본 사람들은 이제 아카시아 꿀을 먹어본 사람의 체험을 이해할 수 있게 되지. 그것이 바로 재체험이란다. 그리고 그들은 재표현을 할 거야. '아! 아카시아 꿀맛 사탕이 너무 맛있다!' 하고 외치면서 말이야."

이처럼 딜타이는 체험과 표현과 이해는 서로 끊어질 줄 모르고 맞물려 돌아가는 순환구조를 이루면서 삶의 역사를 장식한다고 말했답니다.

우리들의 삶과 세계

1. 화해를 위한 노력
2. 그림 속의 우정
3. 안녕, 호야
4. 호야의 마지막 편지

 인간은 누구나 자신의 역사를 말한다.   ― 빌헬름 딜타이

1 화해를 위한 노력

"다녀오겠습니다."

진아는 큰 소리로 인사를 했어요. 욕실에서 나오던 유나가 깜짝 놀라 쳐다보았어요. 세수를 하는 동안 진아를 빨리 깨워야겠다고 생각하고 있었거든요.

"그래. 잘 다녀와."

유나는 손을 흔들어 주었어요.

"응."

뒷걸음질을 치며 진아도 손을 흔들어 보였죠.

"진아야."

호주머니 속에서 호야가 불렀어요.

"왜?"

"지각한 것도 아닌데 좀 천천히 걸으면 안 돼? 왜 이렇게 뛰어가는 거니?"

"운동도 되고 좋잖아."

"그러니까 살이 안 찌지."

"그래도 너보다는 통통하다."

진아는 걷는 것보다 뛰어다니는 걸 더 좋아해요. 두 개의 다리가 빠르게 교차할 때마다 속도감이 느껴지잖아요.

빨리 뛰었더니 학교에 금방 도착했어요. 교실 문을 열자 아무도 없었죠. 아직 이른 시간이긴 했어요. 진아는 책가방에서 도화지와 연필을 꺼냈어요.

"그림 그리게?"

"응."

"뭘 그리게?"

"교실."

"교실?"

"그리고 반 친구들."

"아무도 없는데?"

"내 눈엔 보여."

진아는 야무지게 말한 후 그림을 그리기 시작했어요. 삼십여 분이 지나자 부반장이 들어왔어요. 부반장은 진아를 발견하고는 깜짝 놀라 어색하게 인사를 했어요. 진아는 여느 때와 다름없이 인사를 받았어요.

몇 분이 더 지나자 아이들이 하나둘씩 교실 안에 도착했어요. 다들 자기 자리로 가며 그림을 그리고 있는 진아를 흘낏 쳐다보았어요.

도화지를 다시 책가방에 집어넣은 뒤 진아는 필통과 노트를 꺼냈어요. 수업이 시작되기 전에 연필을 깎아 두려고요.

연필 한 개를 다 깎을 즈음에 짝꿍이 왔어요.

"진아야. 어제는 왜 결석했어?"

짝꿍이 물었어요. 과도하게 친절한 말투였어요. 진아는 "아팠어"라고 말했어요.

"지금은 괜찮아? 엄마도 없는데 아프기까지 하면 어떡해?"

주변에 앉아 있는 아이들이 짝꿍의 말을 귀 기울여 듣는 것이 느껴졌어요.

"원장선생님이랑 언니들이 간호해 줬어."

진아는 아무렇지도 않은 듯 대답했어요.

"그랬구나. 네가 어제 안 와서 걱정했어."

"고마워."

교실 안으로 막 들어서는 하늘이에게 눈길을 주며 진아는 건성으로 말했어요. 하늘이는 자기 자리에 앉기 전에 진아 쪽을 한번 쳐다봤어요. 그러나 곧 고개를 돌려 버렸죠.

진아는 하늘이가 왜 그러는지 이해할 수가 없었어요. 잘못은 자기가 해 놓고 말이죠.

수업과 쉬는 시간이 몇 번 반복되고, 드디어 점심시간이 되었어요. 아이들은 재빠르게 식당으로 달려갔어요.

"진아야, 우리랑 같이 밥 먹을래?"

짝꿍과 두 명의 아이가 진아에게 다가와 말했어요. 진아는 짝꿍과 자주 밥을 먹었지만 다른 두 명은 같이 어울려 본 적이 없었어요. 그래서 잠시 망설였죠. 그런데 그때 하늘이가 진아 쪽으로 다가와 말했어요.

"진아야, 나랑 얘기 좀 하자."

진아는 하늘이를 빤히 바라보다가 다른 친구들에게 말했어요.

"너희들 먼저 먹어. 나는 나중에 먹을 거야."

"그래. 그럼."

친구들이 교실을 나가는 동안 진아와 하늘이는 아무 말도 하지 않고 머쓱하게 있었어요.

"도시락 싸왔어."

하늘이가 먼저 말했어요.

"급식은 어쩌고?"

"오늘은 같이 도시락 먹자."

진아는 고개를 끄덕였어요.

둘은 은행나무 아래 벤치에 앉았어요. 하늘이가 가져온 도시락에는 김밥과 유부초밥, 그리고 후식으로 과일이 들어있었어요.

"내가 만들었다. 히힛."

하늘이가 자랑했어요.

"둘 다?"

"응."

진아는 김밥을 먼저 먹어 봤어요. 세상에! 하늘이의 김밥은 식당에서 파는 김밥과는 차원이 다를 정도로 맛있었어요.

진아는 유부초밥도 한입 먹어 보았어요. 식초를 많이 넣었는지 신맛이 강하게 났어요. 그래서 자기도 모르게 한쪽 눈을 찡긋하고 말았죠.

"많이 셔?"

"아니, 조금."

말은 그렇게 했지만 급하게 포도 한 알을 입안에 집어넣었어요. 그 모습을 본 하늘이가 킥킥 웃으며 진아 입에 포도 한 알을 더 넣어 주었어요.

"어제 고아원에 갔었어."

하늘이가 말했어요.

"들었어."

진아가 대답했어요. 그리고 한참 동안 둘은 아무 말 없이 도시락을 먹기만 했어요.

도시락 통을 거의 다 비웠을 때에야 하늘이가 어렵게 입을 열었어요.

"내가 말한 거 아니야."

하늘이의 말에 진아는 고개를 들 수가 없었어요. 계속 하늘이가 떠벌렸다고 생각하고 있었거든요. 지금도 자기가 말하지 않았다고 하는 하늘이를 믿을 수가 없었어요.

"반 아이 중 한 명이 교무실에 가서 생활기록부를 봤대. 그래서 자기 짝꿍한테 말해 줬대. 그 짝꿍이 다른 친구들한테 말해서 결국 반 아이들 모두가 알게 된 거래."

"누가 본 거야?"

하늘이는 대답해 주지 않았어요. 아마 고자질하는 것 같아서 그랬던 거겠죠. 그래도 진아는 섭섭했어요. 오해라고 하면서 사실이 뭔지 아무것도 가르쳐 주지 않았으니까요.

"뭐, 누구든 상관없기는 해. 알아서 뭐하겠니?"

진아는 도시락 뚜껑을 덮으며 말했어요.

"나한테 화 많이 났어?"

하늘이가 물었어요. 이제까지 한 번도 본 적이 없는 표정이었답니다.

"네가 말한 것도 아닌데."

"그래. 그런데 나는 이상하게 너한테 미안해."

하늘이는 진심으로 하는 말이었어요. 그런데 진아는 쓸쓸했어요. 마음을 다잡았는데도 막상 이런 말을 들으니 마음이 펑 뚫리는 것만 같았어요.

"내가 고아라서?"

마음과 달리 뾰족한 말이 나왔어요.

"그게 아니라……."

"누가 사과해야 하는지 알아? 네가 아니라 나야. 나는 네가 내 얘기를 애들한테 했을 거라고 생각했거든. 방금 전까지도 그렇게 믿었고."

진아는 벌떡 일어났어요. 그리고 건물 안으로 들어가 버렸어요. 뒤에 남은 하늘이가 어떤 표정으로 앉아 있을지는 생각도 하기 싫었죠.

"호야. 나는 아무 가치도 없는 아이야. 이렇게 속이 좁잖아. 노력해도 안 되잖아."

2 그림 속의 우정

미술학원에서도 진아와 하늘이는 서먹하게 지냈어요. 사실 진아는 하늘이에게 사과하고 싶었어요. 그런데 말이 쉽게 떨어지지 않았어요.

고아원으로 돌아온 진아는 대충 씻은 후 책상 앞에 앉았어요. 그리고 그림을 그리기 시작했죠.

"아침 일찍 와서 그리고, 미술학원에서 그리고, 지금 또 그리는 거니?"

"열심히 그릴 거야. 그래서 나중에 훌륭한 화가가 될 거야."

진아는 그렇게 종알거리며 그림 그리기에만 몰두했어요.

유나가 학교에서 왔을 때도 진아는 가볍게 인사하고는 계속 그림만 그렸어요. 유나가 말을 시켜도 대답도 안 했어요. 그림을 그릴 때만큼은 진아 귀에 아무 말도 안 들리는 것 같았어요. 그 모습이 어찌나 진지한지 유나는 신기한 듯 쳐다보았어요. 원장선생님과 통통이아줌마에게 지금의 진아 모습을 보여 주고 싶다고 생각했죠.

이윽고 진아가 붓을 놓았어요. 그리고 완성된 그림을 보며 빙긋이 웃었어요. 방 안을 둘러보니 책상에 앉아 공부하는 유나의 뒷모습이 보였어요.

"언니."

그러자 유나가 뒤돌아봤어요.

"나 잠깐 나갔다 올게."

"이 밤에?"

"갈 데가 있어."

"그래?"

유나는 잠시 무언가를 생각하더니 자리에서 일어났어요.

"같이 가자."

그림을 돌돌 말던 진아는 유나를 빤히 쳐다봤어요. 유나가 말했어요.

"뭘 그렇게 봐? 밤길은 위험하니까 같이 갔다가 오자고."

"응."

진아와 유나는 고아원을 나섰어요. 둘은 천천히 걸었죠. 꽤 오랫동안 함께 지냈지만 사실 이렇게 같이 걷는 일은 많지 않았어요. 학교에서 오는 시간이 다른데다 고아원에 돌아오면 밖으로 잘 나가지 않았으니까요.

그래서 진아는 유나와 함께 손을 잡고 걷는 이 순간이 아주 행복했어요. 저절로 웃음이 새어 나왔죠. 유나도 그랬어요. 진짜 친자매처럼 산책하는 기분이 들었거든요.

"여기야."

진아는 파란색 대문 집 앞에 멈춰 서서 말했어요.

"여기가 어딘데?"

"하늘이네 집."

"그래?"

진아는 초인종을 눌렀어요.

"누구세요?"

스피커에서 하늘이의 목소리가 들렸어요. 진아가 '나야' 하고 대답하자 곧 저 안쪽에서 현관문을 여는 소리가 들렸어요. 그리고 누군가 막 뛰어 나왔어요.

대문이 열리자 하늘이가 모습을 드러냈어요.

"진아야."

하늘이가 진아를 반갑게 맞이했어요. 하루 종일 서먹하게 지낸 건 다 잊어버렸나 봐요. 진아 뒤편에 서 있는 유나에게 고개를 숙여 인사도 했어요. 유나는 손을 약간 높이 들어 흔들어 주었어요.

진아는 하늘이 쪽으로 한발 다가갔어요. 그리고 둘둘 말아 놓은 도화지를 내밀었어요. 하늘이는 그것을 받아 그 자리에서 바로 펼쳐 보았어요. 하늘이가 그림을 보는 동안 진아는 가슴이 두근거렸어요. 어떻게 반응할지 궁금하기도 하고 기대도 되었거든요.

고개를 든 하늘이와 눈이 마주쳤어요. 하늘이가 무슨 생각을 하는지 알고 싶어 진아는 하늘이의 표정을 살폈어요.

"고마워, 정말."

하늘이가 진심어린 표정으로 말했어요.

진아는 날아갈 듯이 기뻤어요. 하늘이가 진아의 마음을 알아준 거예요. 그림 속에 표현한 그 마음을요.

"나도 봐도 돼?"

유나가 고개를 내밀며 물었어요. 하늘이는 유나에게 그림을 보여 주었어요.

그림 속에서는 비가 내리고 있었어요. 그리고 두 여자아이가 있었죠. 하지만 두 여자아이는 비를 맞지 않았어요. 한 여자아이가 우산처럼 생긴 은행나무를 다른 여자아이에게 씌워 주고 있었거든요.

은행나무를 든 여자아이의 표정은 로봇처럼 딱딱했어요. 그러나 옷 위로 드러난 심장은 따뜻한 빛을 띠고 있었어요.

"우와! 너희 둘이구나?"

유나가 탄성을 내질렀어요.

"붉은 심장을 내보인 아이가 하늘이니?"

진아는 고개를 끄덕였어요.

"이건 너고?"

유나는 그림에서 눈을 떼지 못했어요. 하늘이와 진아도 그림을 계속 바라보았어요. 유나가 갑자기 두 팔을 내밀어 하늘이와 진아를 꽉 안아 주었어요.

"예쁘게, 이렇게 예쁘게 자라 줘!"

유나가 감격에 찬 목소리로 소리쳤어요. 유나의 팔에 안긴 하늘이와 진아는 얼굴 가득 해맑은 웃음을 띠었어요.

'행복은 멀리 있는 것이 아니야. 난 지금 행복해!'

진아는 마음속으로 외쳤어요. 이 일을 얘기해 주면 호야가 어떤 말을 할지 상상해 보았어요.

'그것 봐. 네가 어떻게 이해하는지에 따라서 행복할 수도, 그렇지 않을 수도 있는 거야.'

3 안녕, 호야

며칠 전부터 아침 일찍 등교해 가며 그리던 그림이 오늘 완성됐어요. 진아는 책상 서랍에서 세 장의 그림을 더 꺼냈어요. 네 장이나 되는 그림을 들고 교실 앞으로 가서 전부 칠판에 붙여 놓았어요. 그리고는 뒤쪽으로 몇 걸음 가 멀찍이서 바라보았어요.

도화지 네 장을 붙여놓으니 커다란 그림 하나가 되었어요. 진아는 한 번도 이렇게 큰 그림을 그린 적은 없었어요. 그래서인지 꽤 그럴듯하게 보였어요.

"멋지다."

호야가 말했어요.

"정말?"

"그럼."

"아이들이 알아볼까?"

"알아볼 거야."

호야가 힘을 주었어요. 호야 말처럼 아이들은 그림을 알아봐 주겠죠? 하지만 진아는 알아봐 주지 않아도 괜찮겠다고 생각했어요. 통통이아줌마도 그랬잖아요. 세상은 오미자차 같다고. 모든 아이들이 다 똑같이 생각해 주기를 바란다면 욕심이에요. 진아는 최선을 다했고, 그것만으로도 후회는 없어요. 몇 명의 아이들만이라도 자신의 마음을 이해해 준다면 그것으로 대만족이에요.

진아는 팔레트와 붓을 씻으러 화장실에 갔어요. 그러다 문득 거울을 보았어요. 거울 속에 있는 아이는 방그레 미소를 짓고 있었어요. 한동안 울보였다는 사실을 믿을 수 없을 정도로 밝은 얼굴로 말이죠.

화장실에서 나온 진아는 바로 교실로 들어가지 않고 은행나무 아래 벤치로 갔어요. 학교로 들어서는 아이들이 흘깃 쳐다보았지만 상관하지 않았어요.

"진아야!"

이제 막 운동장으로 들어서는 하늘이가 진아를 발견하고 불렀어요.

"교실에 안 들어가고 뭐해?"

"잠깐 있다가 들어가려고."

"그래?"

하늘이가 진아 옆에 앉다가 팔레트와 붓을 발견했어요.

"아침부터 그림 그렸어?"

"응."

"며칠 동안 지각도 안 하고 빨리 왔던 게 이것 때문이었구나."

"응. 그런데 이젠 지각 자주 할 거야."

둘은 함께 교실을 향해 걸어가기 시작했어요.

"하하. 지각 안 하니까 얼마나 좋아. 그런데 또 지각할 거라고?"

"그동안 일찍 오느라 잠을 잘 못 잤어."

"그럼 며칠만 더 지각하고 다음부턴 제 시간에 오면 되겠네."

둘이 그렇게 대화를 나누며 걷다 보니 어느새 교실 앞까지 왔어요. 교실에 들어서자 칠판 앞에 모여 있던 아이들이 뒤돌아보

앉어요.

"네가 그린 거야?"

부반장이 진아에게 물었어요. 진아는 고개를 끄덕였죠. 하늘이
는 무슨 일인가 싶어 칠판 쪽으로 갔어요.

"이게 다 우리야?"

짝꿍이 묻자 진아는 그렇다고 대답했어요.

"우리가 이렇게 다 날고 있구나."

아이들 중 누군가가 중얼거렸어요.

그림 속에는 호야 같은 날개를 가진 아이들이 제각기 다른 포즈
로 날아다니고 있었어요. 모두가 다른 빛깔의 날개를 가졌어요.
어떤 날개도 다 똑같지 않았죠. 그 속에는 아이들과 함께 어울려
활짝 웃는 진아도 있었어요.

아이들은 알았을까요? 진아가 원하는 건 아이들이 불쌍한 눈으
로 쳐다봐 주는 게 아니라는 진심을.

그림을 본 아이들이 하나 둘 자기 자리로 가 앉었어요. 그러자
진아는 일어나서 칠판에 붙여 둔 그림을 뗐어요.

"그냥 붙여두면 안 돼?"

누군가가 진아에게 물었어요. 그러자 다른 아이들도 그렇게 하

자고 소리쳤죠. 진아는 웃으며 아이들을 타일렀어요.

"칠판은 선생님이 사용하셔야 하잖아."

"그럼 교실 뒤에 붙이는 건 어때?"

하늘이가 제안하자 아이들 모두 그 의견에 동의했어요. 몇몇 아이들이 진아에게 와서 그림을 달라고 하기도 했어요. 진아는 그 아이들을 잘 달래어 교실 뒤쪽에 그림을 붙여 놓고 다 같이 보기로 했어요.

"진아야, 나는……."

"응?"

짝꿍이 머뭇머뭇하며 말을 꺼냈어요.

"우리가 다 같이 자유롭게 날 수 있다는 걸 잠시 잊었나 봐."

진아는 씨익 웃었어요. 짝꿍이 덧붙였어요.

"미안해. 어쩌면 난 네 마음을 아프게 했던 것 같아."

진아는 아무 말 없이 짝꿍의 손을 잡아 주었어요. 어떨 때는 말보다 행동이 마음을 더 잘 표현해 주기도 하거든요.

학교, 학원수업을 다 끝마친 후 고아원으로 돌아온 진아는 오랜만에 깊이 잠들었어요. 호야는 가만히 진아의 잠든 얼굴을 쳐다보았어요. 가만히 가만히, 한참을 쳐다보았죠.

호야는 창문 쪽으로 날아갔어요. 창밖은 캄캄했어요. 호야는 온 힘을 다해 창문을 빠끔 열었어요. 자기 몸 하나 간신히 빠져 나갈 수 있을 정도로만요.

무리하게 힘을 썼는지 호야는 숨을 헐떡였어요. 그러나 표정은 밝았어요. 진아는 이제 그 누구보다도 강하고 따뜻한 아이로 자라 날 테니까요.

"진아야, 안녕."

호야는 마지막 인사를 했어요.

진아는 사람들과 함께 살아가야 해요. 언제까지 호야랑 지낼 수는 없답니다. 호야랑 친하게 지내면 지낼수록 진아는 사람들의 세상에서 멀어질 테니까요.

호야는 창밖으로 나왔어요. 하늘에는 별이 드문드문 떠 있었죠. 어떤 별은 굉장히 밝았지만 어떤 별은 너무 희미해서 참 슬퍼 보였답니다.

호야는 희미한 빛이 나는 별을 향해 날아올랐어요. 그 별에 밝은 빛을 보태 주고 싶었으니까요.

4 호야의 마지막 편지

진아야. 안녕.

네가 이 글을 읽을 때쯤이면 난 없을 거야. 하지만 많이 슬퍼하지 않았으면 좋겠어. 그렇다고 아무렇지도 않으면 내가 섭섭할 테지만……. 그러니까 조금만 슬퍼해.

내가 너를 떠나는 건 네 마음이 많이 자랐기 때문이야. 언제까지 나와 함께 있을 수는 없어. 너도 알고 있지?

마지막 남은 딜타이의 이야기를 들려줄게.

예술가는 자신의 체험을 상상으로 표현하고, 그 작품을 보면서 사람들은 예술가를 이해하지. 네 그림을 보면서 반 아이들이 너의 삶을 이해했듯이 말이야. 그러고 보니 진아도 어엿한 예술가네? 하하.

역사적 의식이란 말이 있어. 지금 생각해 보면, 네 장의 그림을 칠판에 붙여 두었던 일을 통해 진아는 반 아이들과 진정으로 이해할 수 있게 되었지? 그러한 통찰이 바로 역사적 의식이야. 너희 반에서 일어난 하나의 역사적 사건인 것이지.

이 넓은 세상 사람들도 모두 그렇게 살아간단다. 제각기 체험하고 표현하고, 또 서로 이해하면서 커다란 삶의 관계를 맺고 있는 것이지. 그러한 삶의 관계 전체가 시간의 흐름에 따라 진행되면서 역사가 만들어지는 거란다. 이 전체를 이해할 수 있는 건 오로지 역사적 의식뿐이야.

진아야. 역사적 의식은 철학자들만 갖는 게 아니야. 다른 사람과 함께 세상을 살아가는 우리 모두가 가져야 해. 그래야 네 자신과 네가 관계 맺고 있는 다른 사람들의 삶에서 진정한 가치를 발견할 수 있어. 그런 진아가 그리는 세상은 더욱 진실 되고 아름다운 모습이겠지.

진아야. 나는 네 옆에 없지만, 항상 너를 생각하고 있을 거야.
그리고 잊지 마. 너는 누구보다도 멋진 화가가 될 거란 걸.

안녕, 진아야.

역사적 의식

현대철학은 매우 다양해서 쉽게 이해하기 어렵습니다. 딜타이의 삶의 철학도 그 중 하나라고 할 수 있습니다. 그렇다면 그의 철학의 뿌리가 어디에 내려져 있는지 배경을 살펴볼까요?

19세기 서양사상의 흐름을 압도한 철학은 피히테, 셸링, 헤겔이 장식한 독일관념론입니다. 특히 헤겔은 자기 이전의 철학들을 거대한 변증법적 관념론 체계로 통일했습니다.

변증법이란 생성하고 움직이며 변화해 간다는 논리입니다. 헤겔은 '신과 같은 절대정신은 자기 자신을 자연으로서 드러낸 후, 예술과 종교로 전개시키고, 절대 지식의 단계에서 본래의 자신으로 되돌아온다'고 주장했지요.

헤겔 이후 다양한 철학자들이 헤겔의 관념론 철학을 비판하고 나섰습니다. 그러면서 삶의 철학, 실존주의, 구조주의, 실용주의, 해석학, 현상

학, 마르크스주의철학 등 수많은 철학들이 생겨났지요. 그럼으로써 드디어 헤겔 관념론 철학이라는 거대한 호수의 둑도 무너져 갔습니다.

딜타이는 지금까지 세계관이 크게 세 가지로 나뉘어 있었다고 말합니다. 한번 들어볼까요?

"서양 철학에는 크게 세 가지 세계관이 있단다. 자연주의, 자유의 관념론, 그리고 객관적 관념론이지.

그리스의 원자론자 데모크리토스와 영국 경험론자 홉스는 자연주의 입장에서 세계를 설명했어. 이들 두 사람은 세계가 물질로 이루어져 있고 인과법칙에 따라 기계적으로 돌아간다고 생각했지.

한편 플라톤이나 칸트는 자유의 관념론자들이었어. 이들은 한 사람 한 사람 속에 있는 자유 의지야말로 영원히 변치 않는 진리라고 주장한 사람들이지.

객관적 관념론자로는 라이프니츠와 헤겔이 있단다. 이들은 정신의 원소와도 같은 단자라든가, 모든 인류의 정신이 하나로 모아진 절대정신이야말로 세상에 존재하는 진리라고 했어.

그런데 딜타이의 주장에 따르면 이 세 가지 세계관은 모두 역사·문화적 삶을 이해하지 못한다고 비판하지. 왜냐고? 역사적 세계를 이해하려면 지금까지 연구된 인문학과 자연과학의 결과를 종합하고, 역사적 의식을 통해 재체험해야만 하기 때문이야. 이전까지의 철학자들은 각자 자기 체험만 주장했을 뿐, 재체험을 하지 않았던 것이지."

딜타이는 역사적 세계가 우리 인간의 역사적 의식에 의해서만 체험되고 표현되며 이해될 수 있다는 사실을 강조합니다.

에필로그

    화창한 봄날이었어요. 진아는 며칠 전에 고아원으로 들어온 아기들을 목욕시켜 주고 있었어요.

    아참. 진아는 벌써 고등학생이 되었어요. 어떤 모습인지 궁금하죠? 여고생 진아는 키도 크고 날씬해서 사람들에게 항상 예쁘다는 소리를 듣는답니다. 눈이 가장 예뻐요. 사람들을 쳐다보는 눈은 영민하고 따뜻해서 별처럼 빛나는 것 같거든요. 마음도 얼마나 고운지 몰라요. 진아는 항상 자기 자신을 반성하고 성찰하니까요.

    그림은 계속 그리고 있냐고요? 물론이죠. 하루도 빠짐없이 계속 그리고 있답니다. 재능보다 중요한 건 노력이라고 믿거든요. 진아는 꿈을 이루기 위해 노력하는 걸 아주 즐거운 일이라고 생각해요.

    "진아야."

통통이아줌마가 욕실 문을 열었어요. 통통이아줌마는 하나도 변하지 않았어요. 어른들은 아이들처럼 쑥쑥 자라지 않기 때문에 늘 그 자리에 있는 것 같아요. 그렇다면 진아 엄마도 그 모습 그대로 있겠죠? 진아가 언제라도 잘 찾을 수 있도록 말이에요.

"원장선생님이 부르셔. 어서 가 보렴."

"원장선생님이요?"

통통이아줌마는 진아를 일으키며 팔을 걷어 올렸어요. 자기가 목욕을 시킬 테니 원장실에 가 보라는 뜻이죠. 진아는 손을 씻고 물기를 탁탁 털며 목욕실을 빠져나갔어요.

원장실에는 원장선생님뿐만 아니라 딸기선생님과 하늘이도 함께 있었어요.

"하늘아."

진아는 반갑게 불렀어요. 바로 몇 시간 전에 미술학원에서 만났는데도 말이에요.

진아와 하늘이는 다른 고등학교로 배정을 받았어요. 그래도 미술학원에서 매일 만날 수 있어 크게 실망하지는 않았어요.

"좋은 소식을 가져오셨다는구나."

원장선생님 말씀에 진아는 어리둥절한 표정을 지었어요.

"일단 앉아 보거라."

진아는 하늘이 옆에 앉았어요. 하늘이가 활짝 웃으며 진아의 손을 잡았죠.

"며칠 전에 사생대회가 있었지?"

"네."

"그 사생대회에서 네가 최우수상을 받았다는구 나."

진아는 순간 자신의 귀를 의심했어요. 그래서 아무 반응도 보이지 않고 가만히 있었죠.

"기쁘지 않니?"

딸기선생님께서 웃으며 말씀하셨어요. 진아는 그제야 실감이 나 얼버무렸어요.

"아, 저, 정말요?"

하지만 진아는 멈칫했어요. 하늘이가 속상해 할까 봐 기쁜 표정을 지을 수가 없었죠. 그 마음을 알았는지 딸기선생님이 덧붙여 말했어요.

"그래. 진아는 최우수상을 받았고 하늘이는 우수상을 받았어."

진아의 표정이 순식간에 환해졌어요.

"이얏! 정말요?"

진아는 하늘이와 함께 상을 받아서 두 배로 기뻤어요. 하늘이를 덥석

끌어안고 함께 킥킥거렸어요.

"시상식에 같이 가는 거다."

"당연하지."

하늘이의 당부에 진아는 흔쾌히 대답했어요.

진아와 하늘이는 흔들의자가 있는 곳으로 나왔어요. 좀 좁긴 했지만 둘이 같이 앉을 만했어요.

"나중에는 내가 금상 받을 거다. 그러니까 뒤처지지 않도록 조심해."

하늘이가 농담처럼 말했어요.

"좋아!"

진아는 고개를 끄덕였어요.

"진아야."

"응?"

"우리 열심히 해서 같은 대학, 같은 과에 들어가자."

"좋지."

둘은 손가락을 걸고 약속했어요.

"그때 가서 함께 네 엄마도 찾자."

언제가 진아는 하늘이에게 말한 적이 있었어요. 고등학교와 대학을 졸업한 뒤에 엄마를 찾을 거라고요. 엄마만 딸을 찾으라는 법이 있나요? 딸이 엄마를 찾으면 되지요.

"고마워."

진아는 하늘이의 손을 꼭 붙잡았어요. 엄마를 찾으면 하늘이를 소개해 줄 거예요. 세상에서 가장 친한 '내 친구'라고 말이에요.

통합형 논술
활용노트

01 다음 글을 읽고 물음에 답하세요.

(가)

"이 두 그림의 차이를 알겠니?"

두 그림을 아이들 쪽으로 돌리며 딸기선생님이 물었어요.

"둘 다 꿈을 그린 거예요?"

중학생 언니가 물었어요.

"그래."

"화가를 그린 것은 사실적이네요. 나무를 그린 것은 꿈이 열리는 걸 표현한 것 같고요."

"잘 봤어. 그럼 두 개 중에 어떤 그림이 더 낫다고 말할 수 있겠니?"

아이들은 아무 말도 하지 않았어요.

"그래. 뭐가 더 낫다고 말할 순 없어. 화가를 그린 이 그림은 꿈이라는 주제를 논리적으로 설명하듯이 보여 주는 그림이야. 그리고 나무를 그린 그림은 뭐라고 설명할 순 없지만 마음으로 느낄 수 있는 그림이고. 어느 게 맞고 틀린 건 아니야. 그런데 이런 질문을 할 수는 있겠지. 이 두 그림 중 어떤 그림에서 화가의 깊은 속마음을 이해할 수 있겠니?"

— 《딜타이가 들려주는 이해 이야기》 중

(나)

원래 그의 이름은 그리고리라고 불렸다. 다시 말해서 그는 어느 지주 귀족의 농노 신분이었던 것이다. 그러던 그가 뻬뜨로비치라고 불리게 된 것은 농노 해방 증서를 받고, 자유의 몸이 된 뒤로 축제 때마다 술을 진탕 마시게 되면서부터의 일인 것이다.

그래도 처음에는 큰 축제 때에만 술을 마셨지만, 얼마 지나지 않아 달력에 십자가 표시가 되어 있는 날이면 단 하루도 빼놓지 않고 곤드레만드레 취하게 됐다. 이 점에서 그는 자기 조상들의 전승에 무척 충실하다고 할 수 있겠다.

– 고골리 〈외투〉 중

(다)

여름의 파아란 저녁때면 나는 오솔길을 가리라.
보리에 찔리며, 잔풀을 짓밟으며:
몽상가 나는 그 시원함을 발에서 느끼리.
바람에 내 맨 머리를 멱 감기리.

나는 말하지 않으리, 아무것도 생각지 않으리라:
그러나 무한한 사랑이 내 영혼 속에 솟아오르리라,
그리고 나는 가리라, 멀리 저 머얼리, 보헤미안처럼.
자연 속을, — 마치 여자와 함께 가듯 행복이.

– 아르튀르 랭보, 〈감각〉

1. (나)의 시와 (다)의 소설을 비교해 보세요. 어떤 차이가 있나요? 고골리와 랭보가 (가)의 두 그림을 보았다면 무엇이 자신의 작품 성격과 더 가깝다고 했을지 이야기해 보세요.

2. 제시된 두 가지 성향 중 여러분은 어느 쪽을 더 선호하나요? 이유를 들어 말해 보세요.

02 다음 글을 읽고 물음에 답하세요.

(가)

인문학 열풍이 거세다. 일부대학에서 개설한 인문학 수업과정이 CEO들에게 큰 인기를 끌고 있고, 해외에서도 대학과 기업에서 인문학을 강조하고 있다. 기업들이 인문학의 매혹에 빠진 이유는 기업경영 환경이 복잡해지면서 종합적인 사고력과 문제해결 능력, 창의력이 필요하기 때문이다. 인터넷의 영향으로 사회에서는 지식자체를 가지고 있는 것보다, 여러 지식을 연결하여 새로운 가치를 창출하는 능력이 더 중요한데, 인문학이 이런 능력을 증진시켜 주기 때문일 것이다.

경영학에서는 이미 인문학적 기반이 활용되고 있다. 경영자들이 독서경영을 강조하고, CEO 중 인문학 전공자의 비율이 높아지는 것도 이런 추세의 반영이라고 할 수 있다. 현대와 같은 동태적인 경영 환경에서는 상상력과 창의성이 중요하고, 다양한 지식을 연관짓는 능력이 중요한데, 인문학이 그 자양분을 제공해주는 것이다. (……)

– 2008년 7월 7일, ㅇㅇ신문

(나)

전남에 위치하고 있는 자연학습장에서 자연관찰탐구 대회를 개최했다.

자연 현상과 사물의 관찰을 통해 자연의 이치를 이해하고, 자연에 대한 흥미와 호기심을 가지게 하여 학생들의 탐구능력을 신장시키려는 목적이다.

대회 방법은 팀별로 정해진 지역에서 주어진 주제를 해결하기 위해 자연 현상을 탐구하고 가설을 설정한 후, 관찰한 내용을 보고서로 작성해 제출한다.

시상은 관찰계획부터 보고서 제출까지의 전 과정 평가로 심사가 이루어지며 금상 6팀, 은상 12팀, 동상 18팀을 선정해 수상하게 된다.

— 2008년 6월 12일, ○○일보

(다)

"㉠자연과학은 법칙이 왕이야. 사과 하나와 사과 하나를 더하면 사과 두 개가 되지? 1+1=2 이건 절대로 변할 수 없는 법칙이거든. 너도 학교에서 배웠을 걸? 가설을 세워서 실험과 관찰을 통해 증명해 내는 게 자연과학의 방법이라고."

"응. 그쯤은 나도 알아."

"하지만 자연과학은 인과법칙에 따라 움직이는 자연 세계를 설명하는 건데 사람들은 인간의 삶도 자연과학처럼 기계적으로 연구하려고 했지. 딜타이는 그것이 옳지 않다고 한 거야. 인문학은 사람들의 생각과 정신을 이해해야 하는데 어떻게 '1+1=2'와 같은 방식으로 설명할 수 있겠어?"

"그러니까 자연과학은 관찰과 실험을 통해서 자연의 인과법칙을 연구하는 학문인데, 인문학은 그런 방법으로 하면 안 된다는 거지?"

"역시 똑똑해."

"뭘, 이 정도 가지고."

"오늘 딸기 선생님이 그림을 그릴 때 자신의 마음을 담으라고 하신 거 기억나?"

"응."

"세상도 그래. 세상을 어떻게 이해하느냐에 따라 세상이 다르게 보이는 거야."

"선생님도 그림이 사진처럼 똑같을 수 없다고 하셨어."

"그래, 맞아. 사람들의 삶은 객관적으로 관찰하거나 잴 수 없는 거니까. 그 사람의 삶은 그 사람만의 의미와 가치가 있는 법이거든."

"그럼 오늘 고아원에서 하늘이를 만났을 때 내가 느꼈던 기분도 자로 재거나 분석할 수 없다는 거지?"

"맞아, 맞아."

"나는…… 가끔 그럴 때가 있어. 내가 아이들 앞에서 웃고 있어도, 아이들은 내가 즐겁지 않다고 생각하는 것처럼 보일 때가 있어."

"네가 아무리 웃고 있어도 마음이 우울하다면 아이들은 네가 웃는다고 생각하지 않을 수도 있지. 왜냐하면 네 마음이 우울하다는 것을 알아챘기 때문이야. ⓛ바로 네 우울한 마음을 이해했기 때문이지."

–《딜타이가 들려주는 이해 이야기》 중

1. 제시문 (가)와 제시문 (나)는 각각 인문학과 자연과학에 대한 설명을 하고 있습니다. 제시문을 보고 이 둘의 차이점이 무엇인지 비교하여 적어 보세요.

2. 제시문 (다)에서 밑줄 친 ㉠과 ㉡을 인문학과 자연과학을 연결 지어 설명해 보세요.

통합형 논술
문제풀이

01 1. (가)에서 화가를 그린 그림은 꿈이라는 주제를 사실적으로 표현한 것이고 나무를 그린 그림은 감상적으로 표현한 그림입니다. (나)와 (다)의 작품을 읽어 보면 (나)는 그리고리라는 인물에 대해 있는 그대로 설명한 것이고, (다)는 화자의 감성을 마치 그림처럼 묘사한 시입니다. 고골리라면 (가)의 두 그림 중 화가를 그린 하늘이의 그림이 자신의 작품 성격과 더 가깝다고 할 것이고, 랭보는 나무로 꿈을 표현한 진아의 그림을 더 친숙하게 여길 것입니다.

2. 예술은 물론 사람의 감성과 상상력을 자극하고 공감을 유도해야 합니다. 하지만 그 내용이 허황되거나 공허한 상상에 불과하다면 아무 의미가 없을 것입니다. 예술은 우리의 현실, 즉 사실을 반영해야 합니다. 상상력을 통해 우리의 삶을 비유적으로 묘사하면서 사람들의 공감을 이끌어내어, 잘못된 것은 경계하고 좋은 것을 추구해 나갈 수 있도록 사회를 변화시키는 것이 예술의 역할이 아닐까요?

02 1. 인문학이 위기에 빠졌다고 하지만 복잡하고 어지러운 현대 사회에는 인문학을 배움으로써 종합적인 사고를 길러 판단력과 창의력을 키울 수 있습니다. 그래서 경영자들이 인문학에 더 관심을 가지고서 공부를 하고 인문학으로 회사 경영과 인재 경영에 도움을 받고자 합니다. 자연과학은 주어진 현상을 눈에 보이는 대로 분석하고, 실험을 통해 결과를 만듭니다. 제시문 (나)에도 나와 있듯이 현상을 탐구하고 관찰, 수집하여 가설을 만들고 가설이 결과와 맞는지 실험, 확인합니다. 반면에 인문학은 눈에 보이는 대로 분석하고 실험하는 학문이 아닙니다. 다양한 지식과 문제를 바라보고 분석하는 관점을 넓혀서 종합적으로 판단합니다. 인문학은 문학, 철학, 역사 등 본래 가지고 있던 배경 지식들과 새로이 배우는 지식들을 결합합니다. 그런데 관찰과 분석이 아니라 개인적으로 체험하고 느끼고, 이해하는 부분이 훨씬 크게 작용합니다.

2. 자연과학적으로 관찰하고 실험하는 과

정은 정확한 원인과 결과에 따라 진행됩니다. 반복되는 인과관계로 가설이 확정되면 법칙이 됩니다. 그래서 '자연과학은 법칙의 왕'이라고 합니다. 반면 인간이 상대방의 마음을 이해하는 것은 자연과학에서 추구하는 인과관계, 법칙과는 상반됩니다. 제시문 (다)에 나와 있는 내용처럼 상대방의 얼굴은 웃고 있지만 마음은 울고 있다고 가정합시다. 자연과학은 표면적으로 나타는 현상을 관찰하기 때문에 상대방이 '웃는다'는 결론을 냅니다. 하지만 상대방의 상황과 마음을 헤아렸다면 '웃고 있지만 울고 있다'는 결론을 냅니다. 이와 같은 결론은 인문학이 사물과 인간을 종합적으로 사고하고 인과관계가 아닌 이해관계에 더욱 초점을 맞추기 때문에 가능한 것입니다.